EL PRÍNCIPE

Edición Moderna

Nicolás Maquiavelo

Calgaro Publisher

NOTAS DEL TRADUCTOR

Un desafío ético para cualquier traductor de Maquiavel y, especialmente, de "El Príncipe", es la cuestión de la palabra virtù, que, aunque literalmente corresponde a nuestra noción de virtud, adquirió en la Italia del Renacimiento un significado peculiar, bastante distinto del que se entiende en nuestro idioma.

Es común que los traductores de Maquiavel eviten esta dificultad sustituyendo virtù por diversas palabras, dependiendo del contexto específico de cada capítulo o frase: valor, habilidad, talento, coraje, cualidades, entre otros términos. Esto no sería problemático si la obra de Maquiavel, especialmente "El Príncipe", no fuera considerada, hasta hace poco, una especie de manual de lo que se llama "maquiavelismo". Sin embargo, para los estudiosos contemporáneos de la obra de Maquiavel, la aplicabilidad práctica de sus fórmulas y consejos políticos es de importancia secundaria, una vez que están intrínsecamente ligados a las circunstancias específicas de la época en que fueron escritos. Lo que verdaderamente importa es el concepto fundamental que guió el pensamiento de Maquiavel y lo llevó a las conclusiones presentadas.

Este concepto fundamental, centrado en la palabra virtù, puede resumirse como la capacidad de comprender exactamente cualquier situación factual e intervenir en ella, mediante la libre voluntad humana, para modificarla de acuerdo con sus propios objetivos. Así, virtù abarca tanto la capacidad intelectual de entender las situaciones en su esencia como la voluntad de transformarlas de acuerdo con las metas individuales. En otras palabras, es una voluntad que los filósofos modernos denominan "económica" (para diferenciarla de la voluntad orientada por principios morales), aún por debajo de la ética, no moral ni inmoral, sino puramente amoral.

CONTENIDO

DE NICOLÁS MAQUIAVELO PARA EL MAGNÍFICO LORENZO DE MÉDICI

NICOLAUS MACLAVELLUS AD MAGNIFICUM LAURENTIUM MEDICEM

Na mayoría de las ocasiones, aquellos que desean conquistar las gracias de un príncipe se acercan a él con aquellas cosas que consideran más valiosas por sí mismos, o con las cuales él pueda deleitarse; por lo tanto, muchas veces, le son obsequiados caballos, armas, telas de oro, piedras preciosas y ornamentos similares, dignos de la grandeza de ellos. Deseando yo, por lo tanto, ofrecerme a Vuestra Magnificencia con un testimonio de mi servidumbre, no encontré entre mis bienes algo que me fuera más precioso o que apreciara tanto como el conocimiento de las acciones de los grandes hombres, obtenido por la larga experiencia de las cosas modernas y la continua lección de las antiguas; acciones que, con gran diligencia, ponderé y examiné durante mucho tiempo, y que ahora, en un pequeño volumen abreviado, envío a Vuestra Magnificencia.

Y aunque juzgue esta obra como indigna de tan magnífica presencia, confío, sin embargo, confío mucho en que, por vuestra humanidad, deba ser aceptada, considerando que no podría ofreceros un regalo mayor que la facultad de poder entender en tan breve tiempo todo aquello que yo, en tantos años y con tantos inconvenientes y peligros, conocí y entendí. No adorné esta obra con cláusulas extensas ni la cargué con palabras elaboradas y grandiosas; no le añadí lisonjas ni ornamentos externos con los cuales muchos suelen describir y embellecer sus obras; porque, si pretendí algún honor para ella, que sea solo por la variedad de la materia y la gravedad del asunto.

No quiero que se considere presuntuoso que un hombre de baja y humilde naturaleza aconseje y instruya a los gobernantes de los príncipes; porque, así como es conveniente para los cartógrafos situarse en los valles para estudiar la naturaleza de las montañas y lugares altos, y en los lugares altos y montañas para estudiar la naturaleza de los valles, para comprender bien la naturaleza de los pueblos es necesario ser príncipe, y, para comprender bien la de los príncipes, es necesario ser popular.

Acepte, entonces, Vuestra Magnificencia, este pequeño obsequio con el mismo ánimo con el que se lo envío. Por medio de ella, si es considerada y leída cuidadosamente, conocerá mi ardiente deseo de que alcance la grandeza que la fortuna y sus otras cualidades le prometen. Y si Vuestra Magnificencia, desde la cima de su altura, alguna vez vuelve sus ojos hacia estos lugares bajos, sabrá con cuánta indignación soporto esta gran y constante maldad de la fortuna.

CUÁNTOS SON LOS TIPOS DE PRINCIPADOS Y DE QUÉ MANERAS SON ADQUIRIDOS

*Quot sint genera principatuum
et quibus modis acquirantur*

Todos los Estados, todos los dominios que imperaron e imperan sobre los hombres, fueron y son o repúblicas o gobernados por un líder supremo. Los gobernantes supremos pueden ser hereditarios, cuando la sangre de su señor es de linaje noble, o pueden ser recién establecidos. Si son recién establecidos, pueden ser completamente nuevos, como en el caso de Milán para Francisco Sforza, o pueden ser incorporados al Estado hereditario del líder supremo que los adquiere, como es el caso del Reino de Nápoles para el monarca de España.

Los territorios así adquiridos pueden estar acostumbrados a la sumisión a un líder supremo, o pueden ser regiones que disfrutaban de libertad; pueden haber sido conquistados con el uso de fuerzas externas o con las fuerzas del propio líder supremo; por suerte o habilidad.

DE LOS PRINCIPADOS HEREDITARIOS

De principatibus hereditariis

No abordaré aquí sobre las repúblicas, ya que las he discutido extensamente en otra ocasión. Dedicaré mi atención exclusivamente al gobierno principesco, revisitando la trama previamente expuesta y examinando cómo se pueden administrar y preservar estos principados.

Por lo tanto, afirmo que en los Estados hereditarios, arraigados en la línea de su líder, es más fácil mantenerlos que los recién creados. Esto se debe al simple hecho de no renegar de la herencia ancestral y, además, adaptarse a las adversidades. Así, si el líder no posee una mente extraordinaria, retendrá el poder indefinidamente, a menos que una fuerza excepcional lo destituya. E incluso si es destituido, por más terrible que sea el usurpador, recuperará el poder.

En Italia, como ejemplo, tenemos al duque de Ferrara, que no habría resistido los ataques de los venecianos en 1484 y del papa Julio en 1510 si no fuera por la antigüedad de su dominio. El líder natural tiene menos razones y necesidades para ofender, lo que lo hace más querido. Si no cultiva el odio a través de vicios extremos,

"

es justo y natural que sea bien visto por todos. Con el tiempo, los recuerdos y razones de las innovaciones desaparecen en la antigüedad y continuidad del dominio, mientras que un cambio siempre deja expuestos los puntos de apoyo para la construcción de otro.

DE LOS PRINCIPADOS MIXTOS

De principatibus mixtis

En el nuevo principado residen las dificultades. Si no es completamente nuevo, sino parte o extensión de otro, se puede afirmar que se trata de un conjunto casi mixto; sus variaciones provienen principalmente de una dificultad natural presente en todos los principados nuevos. Inicialmente, los individuos benevolentes cambian de líder, convencidos de los beneficios de ese cambio, y esa convicción los impulsa a empuñar armas contra su príncipe. Sin embargo, se engañan, ya que la experiencia revela que, de esta manera, solo agravan la situación.

La necesidad natural y ordinaria de ofender a aquellos que pasan a ser gobernados, ya sea mediante fuerzas militares u otras injurias interminables inherentes a la nueva adquisición, hace que el nuevo príncipe adquiera enemigos entre todos los que se sintieron ofendidos durante la ocupación. No podrá mantener como aliados a aquellos que lo colocaron en el poder, ya que no podrá satisfacerlos de la manera que imaginaban. Además, no puede emplear contra ellos remedios severos, ya que está obligado a ellos, independientemente de la potencia de sus ejércitos. Necesitará el favor de los provincianos para ingresar a la provincia.

Por estas razones, Luis XII, rey de Francia, conquistó rápidamente Milán, pero también la perdió. La primera vez, las fuerzas de Ludovico fueron suficientes para quitársela, ya que aquellos que habían abierto las puertas a Luis, desilusionados con las expectativas para el futuro, no pudieron soportar los desencantos causados por el nuevo príncipe.

Es verdad que reconquistar las provincias rebeldes por segunda vez es más difícil. El señor, aprovechándose de la rebelión, siente menos escrúpulos en garantizar su seguridad castigando a los rebeldes, identificando sospechosos y protegiendo los puntos más vulnerables. Así, para perder Milán por primera vez, bastó a Francia que el duque Ludovico hiciera ruido en las fronteras. Sin embargo, para perderla por segunda vez, fue necesario que todos se unieran contra ella, destruyendo o expulsando sus ejércitos de Italia, como resultado de las razones presentadas anteriormente.

No obstante, Milán fue tomada tanto la primera como la segunda vez. Las razones universales para la primera fueron discutidas anteriormente. Ahora resta exponer las razones de la segunda y analizar los remedios que Luis tenía a disposición, así como otros príncipes en la misma situación, para preservar la conquista de manera más eficaz de lo que Francia lo hizo.

Digo, así, que estos Estados, anexados a un Estado más antiguo mediante la conquista, o son de la misma provincia y lengua, o no lo son. Cuando lo son, es fácil mantenerlos, principalmente si no están acostumbrados a vivir libres; y, para poseerlos con seguridad, basta con extinguir la línea del príncipe que los gobernaba, porque, en otras cosas, manteniéndoles los antiguos privilegios y no diversificando las costumbres, los hombres vivirán en paz, como se observó en Borgoña, Bretaña, Gascuña y Normandía, que durante mucho tiempo estuvieron bajo el dominio de Francia; y, a pesar de haber alguna diversidad de lengua, las costumbres son similares y pueden conciliarse fácilmente. Y quien los conquista, queriendo mantenerlos, debe adoptar dos cuidados: uno, que la estirpe del príncipe anterior sea extinguida; otro, no alterar la ley ni los impuestos vigentes. De este modo, en muy poco tiempo, el nuevo principado formará, con el antiguo, un cuerpo único.

Pero, cuando se conquistan Estados en una provincia de diferentes lenguas, costumbres y gobiernos, surgen las dificultades; será necesario el concurso de la fortuna y gran habilidad para mantenerlos; y uno de los remedios más eficaces sería que el conquistador fuera a vivir allí. Esto haría esa posesión más segura y duradera. Fue lo que hizo el Gran Turco en Grecia, que, a pesar de todas las demás medidas observadas por él para mantener ese Estado, si no hubiera ido a vivir allí, no habría mantenido la conquista. Porque, estando allí, ve surgir los desórdenes y puede remediarlos de inmediato; no estando, solo los conoce cuando ya son grandes y no tienen más remedio. Además, la provincia no es saqueada por los oficiales de conquista: los súbditos se satisfacen con el recurso más fácil al príncipe; así, tendrán más razón para amarlo, dispuestos a ser buenos; o de lo contrario, a temerlo. Quien desde fuera quisiera atacar ese Estado, tendría más cuidado, ya que, viviendo allí el príncipe, sería más difícil despojarlo de sus posesiones.

Otro buen remedio es fundar colonias, en uno o dos lugares, que sirvan como obstáculos para ese Estado, ya que es necesario proceder de esta manera o mantener allí fuerzas de artillería e infantería. En las colonias, no se gasta mucho y, sin demasiado gasto, pueden ser instaladas y mantenidas, perjudicando solo a aquellos a quienes se les toman las tierras y las casas, que son una parte mínima del Estado, para dárselas a nuevos habitantes. Los perjudicados permanecerán dispersos y pobres, sin poder causar ningún daño; los demás permanecerán tranquilos, ya que, por un lado, no fueron perjudicados y, por otro lado, temen que les suceda lo mismo que a los despojados. Concluyo, por lo tanto, que estas colonias, que no cuestan nada, son más fieles y causan poco daño;

y los perjudicados, siendo pobres y dispersos, como ya se dijo, no pueden molestar. Como se puede notar, a los hombres se les debe complacer o matar, porque si se vengan de las pequeñas ofensas, de las graves no pueden hacerlo: de esta manera, la ofensa que se hace al hombre debe ser tal que no se tema la venganza. Pero, si el príncipe mantiene, en lugar de colonias, fuerzas armadas, gastará mucho más, ya que tendrá que gastar en ella todo el rendimiento del Estado, de modo que la ganancia se convertirá en pérdida, y la ofensa será grande, porque afectará a todo el Estado, con los cambios y el acuartelamiento del ejército; todos sienten estos inconvenientes, y todos se convierten en enemigos [del conquistador], y estos enemigos, vencidos en su propia casa, son siempre peligrosos. De cualquier manera, por lo tanto, la ocupación armada es tan inútil como útil es la colonización.

Debe, además, aquel que se encuentre en una provincia diferente, como se mencionó, convertirse en líder y defensor de los vecinos menos poderosos y procurar debilitar a los más poderosos, teniendo cuidado de que, por casualidad, no entre en ella ningún extraño tan fuerte como él. Pero siempre habrá alguien convocado por aquellos que se sienten insatisfechos, por excesiva ambición o por miedo, como se vio en el pasado, cuando los etolios convocaron a los romanos a Grecia; y en todas las provincias que [los romanos] conquistaron, fueron colocados por los propios habitantes.

La orden de las cosas es que, tan pronto como un extranjero poderoso entra en una provincia, todos los débiles que allí residen se unen a él, movidos por la envidia que tienen hacia aquellos que los superan en poder; tanto que, con respecto a estos menos poderosos, el extranjero no tiene trabajo alguno para conquistarlos, ya que pronto se unen voluntariamente, formando un bloque con el Estado conquistado. Al invasor solo le queda evitar que no adquieran demasiada fuerza y demasiada autoridad, y fácilmente podrá, con fuerzas propias y con su favor, vencer a los que tienen poder, convirtiéndose en el único árbitro de la provincia.

Quien no observe bien estos preceptos perderá rápidamente lo que conquistó; y, mientras lo conserve, tendrá innumerables dificultades y molestias.

Los romanos, en las provincias que conquistaron, observaron bien estos preceptos: fundaron colonias, cuidaron de los menos poderosos sin aumentarles el poder, debilitaron a los más fuertes y no permitieron que los extranjeros poderosos ganaran reputación. Quiero tomar como ejemplo solo la provincia de Grecia. Los romanos halagaron a los aqueos y a los etolios, debilitaron el reino de los macedonios, expulsaron a Antíoco; pero ni a los etolios ni a los aqueos, a pesar de sus méritos, se les permitió ampliar sus dominios; ni siquiera a Filipo se le permitió persuadirlos para que fueran sus amigos sin debilitarse; ni el poder de Antíoco fue suficiente para que le permitieran mantener algún Estado en esa provincia.

Porque los romanos hicieron, en estos casos, lo que todos los príncipes sabios deben hacer: no solo pensar en los escándalos presentes, sino también en los futuros, y utilizar toda habilidad para evitarlos; porque, previniéndose a tiempo, fácilmente se pueden remediar; pero, si se espera a que el mal se acerque, el remedio no llega a tiempo, porque la enfermedad se vuelve incurable.

Es como en los casos de tisis; dicen los médicos: al principio del mal, la cura es fácil y el diagnóstico es difícil; pero, con el tiempo, al no ser conocida ni tratada, la enfermedad será de fácil reconocimiento, pero de difícil cura. Así ocurre en los asuntos del Estado, porque, previendo a tiempo los males que surgen, una dádiva solo de los prudentes, se pueden remediar rápidamente; pero cuando, por falta de previsión, aumentan de manera que todos los conocen, ya no hay remedio.

Los romanos, previendo las molestias, siempre las remediaban; pero nunca permitían que, para evitar una guerra, esas molestias se propagaran, ya que sabían que una guerra no se evita, pero su postergación representa un beneficio para la otra parte; por lo tanto, prefirieron luchar contra Filipo y Antíoco en Grecia, para no tener que enfrentarlos en Italia, aunque pudieran evitar la guerra con uno u otro. Sin embargo, no lo quisieron. Nunca les agradó lo que cotidianamente propagan los sabios de nuestros días: "aprovechar el tiempo". Prefirieron valerse de su propia virtud y prudencia, porque el tiempo se lleva todo consigo, y puede traer tanto el bien como el mal, y tanto el mal como el bien.

Pero volvamos a Francia y examinemos si de las cosas dichas antes alguna fue hecha. Hablaré de Luis y no de Carlos, porque aquel conservó sus posesiones en Italia durante mucho tiempo, y sus avances se evidenciaron mejor: verás cómo hizo lo contrario de lo que se debe hacer para mantenerse en un Estado de costumbres y lenguas extrañas. El rey Luis ingresó a Italia a través de la ambición de los venecianos, quienes, con su llegada, querían tomar la mitad del Estado de Lombardía. No pretendo censurar la actitud del rey; al querer poner un pie en Italia y no tener amigos en esa provincia, ya que todas las puertas le fueron cerradas debido a una acción del rey Carlos, Luis se vio obligado a aprovechar todas las alianzas que pudo forjar; y si no cometía errores en otros manejos, esta empresa le habría resultado bien. El rey, habiendo conquistado Lombardía, pronto ganó la reputación que Carlos le había arrebatado: Génova cedió; los florentinos se hicieron amigos suyos; el Marqués de Mantua, el duque de Ferrara, los Bentivoglio, la Señora de Forlì, los señores de Faenza, de Pesaro, de Rímini, de Camerino y Piombino, los lucanos, los pisones, los senenses, todos se presentaron ante él como amigos. Entonces, los venecianos pudieron darse cuenta de la temeridad de las acciones que habían tomado, ya que, para conquistar dos tierras en Lombardía, hicieron de ese rey dueño de dos tercios de Italia.

Considera ahora cómo habría sido fácil para el rey conservar su reputación en Italia si hubiera observado las reglas antes descritas y hubiera mantenido seguros y defendidos a todos sus amigos, quienes, al ser en gran número débiles y temer a la Iglesia y a los venecianos, necesitaban mantenerse al lado del rey, quien a través de ellos podría asegurarse fácilmente contra todos, por más fuertes que estuvieran. Sin embargo, apenas llegó a Milán y hizo lo contrario, brindando ayuda al papa Alejandro para la ocupación de la Romaña. No se dio cuenta de que con esa decisión se volvía débil, alejando a los amigos y aquellos que se habían lanzado en sus brazos, y fortalecía a la Iglesia, añadiendo al poder espiritual, que le confería tanta autoridad, una gran fuerza temporal. Y, cometido el primer error, se vio obligado a continuar hasta que, para poner fin a la ambición de Alejandro y evitar que se convirtiera en dueño de la Toscana, se vio obligado a regresar a Italia.

No le bastó con haber engrandecido la Iglesia y alejado a los amigos; por eso, al querer el reino de Nápoles, lo dividió con el rey de España, y donde Luis era antes árbitro de Italia, puso un compañero para que los ambiciosos y descontentos de esa provincia tuvieran a quién recurrir; y, cuando podía dejar en el reino a un soberano que fuera su vasallo, lo retiraba para poner a alguien que pudiera expulsarlo. Es algo muy natural y común ambicionar conquistas, y siempre que los hombres puedan hacerlo, serán elogiados y no criticados; pero cuando no pueden y quieren hacerlo de todos modos, ahí está el error y la crítica. Si Francia podía en ese momento atacar Nápoles con sus fuerzas, tenía que hacerlo; si no podía, no tenía que dividirlo. Y si la división que hizo de Lombardía con los venecianos mereció disculpas, por haberle asegurado un pie en Italia, la división de Nápoles merece crítica, porque su necesidad no era justa.

Por lo tanto, Luis cometió estos errores: eliminó a los menos poderosos, aumentó el prestigio de un poderoso en Italia, colocó allí a un extranjero muy poderoso, no habitó en ella ni estableció colonias. Estos errores tal vez no causaran daño mientras Luis viviera, pero cometió un sexto error, el de quitarle el Estado a los venecianos; porque, si no hubiera hecho tan poderosa a la Iglesia ni hubiera permitido que España entrara en Italia, sería bastante razonable y necesario debilitarlos; pero, habiendo tomado esas primeras medidas, nunca debería haber consentido en la ruina de los venecianos. Porque, siendo estos poderosos, siempre mantendrían a otros alejados de un proyecto contra Lombardía; ya sea porque los venecianos nunca lo hubieran permitido, a menos que se convirtieran ellos mismos en sus señores, ya sea porque los demás no querrían tomarla de Francia para dársela a los venecianos, y enfrentarse a ambos no sería sensato.

Y si alguien dice que el rey Luis cedió el Reino de la Romaña a Alejandro y el Reino de Nápoles a España para evitar una guerra, respondo, con las razones antes expuestas, que nunca se debe permitir que una desorden se prolongue para evitar una guerra, porque esta no se evita, sino que se posterga para desventaja propia. Y si otros sugieren que el rey había dado su palabra al papa de llevar a cabo esa conquista a cambio del capelo cardenalicio de Ruán y la disolución del matrimonio real, responderé más adelante sobre cómo se debe respetar la palabra de los príncipes.

Entonces, el rey Luis perdió Lombardía por no seguir ninguno de los preceptos seguidos por otros conquistadores de provincias que querían mantenerse en ellas. No es un milagro, sino un hecho común y razonable. Sobre este tema, hablé en Nantes con el Cardenal de Ruán, cuando el Valentino, como comúnmente se conocía a César Borgia, hijo del papa Alejandro, ocupaba la Romaña; porque, al decirme el cardenal de Ruán que los italianos no entendían de guerra, le respondí que los franceses no entendían de Estado; ya que, si lo entendieran, no habrían permitido que la Iglesia alcanzara tanta grandeza. Y por experiencia se vio que Francia, al alimentar la grandeza de la Iglesia y de España en Italia, provocó su propia ruina. De esto se puede extraer una regla general, que rara vez falla: aquel que permite que otro se vuelva poderoso se arruina, porque ese poder tiene su origen en la astucia o la fuerza; y ambas cualidades son sospechosas para aquellos que se vuelven poderosos.

sospechosas para aquellos que se vuelven poderosos.

POR QUÉ EL REINO DE DARÍO, OCUPADO POR ALEJANDRO, NO SE REBELÓ CONTRA SUS SUCESORES DESPUÉS DE LA MUERTE DE ALEJANDRO

Cur Darii regnum quod Alexander occupaverat a successoribus suis post Alexandri mortem non defecit

Consideradas las dificultades relativas a mantener un Estado recién conquistado, alguien podría maravillarse de que, después de que Alejandro Magno se convirtiera en señor de Asia en pocos años y muriera sin concluir la ocupación, sería razonable que todo ese Estado se rebelara; entonces, ¿por qué los sucesores de Alejandro se mantuvieron allí y no encontraron, para conservar el Estado, ninguna dificultad más allá de la creada por su propia ambición? A esto respondo que todos los principados de los que se tiene memoria fueron gobernados de una de estas dos maneras: o por un príncipe y todos los sirvientes que por gracia o permiso de él lo ayudaron, como ministros, a gobernar el nuevo reino; o por un príncipe y por barones, que, no por la gracia del señor, sino por la antigüedad de la sangre, tienen ese título. Estos barones poseen Estados y vasallos propios que los reconocen como señores y los tienen por ellos un afecto natural.

En cuanto a los Estados que se gobernaron por un príncipe y sus sirvientes, el príncipe tiene más autoridad en ellos, porque, en toda su provincia, no hay nadie que no lo reconozca como soberano, y si obedecen a otro, es porque es un ministro u oficial, por los cuales no tienen aquellos ningún afecto particular.

Los ejemplos de estas dos especies de gobierno en nuestros tiempos son el Gran Turco y el rey de Francia. Toda la monarquía del Turco es gobernada por un solo señor; los demás son sus siervos; y, dividiendo su reino en sandjacs, envía diversos administradores, que cambia y varía como quiere. Pero el rey de Francia está rodeado por una multitud antigua de señores, en ese Estado, reconocidos por sus súbditos y amados por ellos: tienen preeminencias que el rey no puede quitar sin correr riesgos. Por lo tanto, quien ataca el reino del Turco, debe considerar que lo encontrará unido; y conviene confiar más en sus propias fuerzas que en los desórdenes de los demás. Pero, una vez vencido y destruido en campaña de manera que no pueda rehacer sus ejércitos, no hay duda de que la única cosa a temer sea la familia del príncipe; exterminada esta, no hay nadie más a temer, ya que nadie más tendrá autoridad sobre los pueblos: y si el vencedor, antes de la victoria, no podía esperar nada de ellos, después de ella no tendrá de ellos lo que temer.

Lo contrario sucede en los reinos gobernados como el de Francia, porque en él se puede entrar con facilidad, conquistando algún barón del reino; ya que siempre se encuentra a un descontento y otros que desean innovar. Estos, por las razones explicadas, pueden abrir el camino para la entrada en el Estado y facilitar la victoria al conquistador, que luego, para mantenerla, tendrá innumerables dificultades, tanto con los que lo ayudaron como con aquellos a quienes oprimió. No basta con extinguir la sangre del príncipe; porque siempre habrá señores que liderarán nuevos cambios; y, no pudiendo contentarlos ni extinguirlos, perderá aquel Estado en la primera ocasión.

Ahora bien, si consideras la naturaleza del gobierno de Darío, lo encontrarás similar al del reino del Gran Turco; y por eso, a Alejandro le fue necesario enfrentarlo y vencerlo en el campo de batalla; después de tal victoria, estando Darío muerto, aquel Estado permaneció seguro para Alejandro, por las razones discutidas anteriormente. Y, si sus sucesores permanecieran unidos, podrían disfrutar ociosos de ese reino; no nacieron otras turbulencias sino las que ellos mismos provocaron. Pero, en cuanto a los Estados organizados como el de Francia, es imposible conquistarlos con tanta tranquilidad. De ahí surgieron las habituales rebeliones de España, Francia y Grecia contra los romanos, debido al gran número de principados existentes en esos Estados; y durante todo el tiempo que quedaron en la memoria, los romanos siempre estuvieron inseguros de su posesión; pero, borrada la memoria de esos, con el poder y la duración del Imperio, [los romanos] se apoderaron de ellos con confianza.

También pudieron, cuando más tarde combatieron entre sí, dominar una parte de esas provincias, según la autoridad que habían conquistado allí; y, al extinguirse la estirpe del antiguo señor, las provincias no reconocieron otros señores que los romanos. Considerando, por lo tanto, todas estas cosas, nadie se sorprendería de la facilidad que tuvo Alejandro para conservar el Estado de Asia y de las dificultades que tuvieron los demás para conservar otras conquistas, como Pirro y muchos. Sin embargo, todo esto no siempre surge de la gran o pequeña virtud del vencedor, sino de la disparidad del sometido.

CÓMO SE DEBE GOBERNAR LAS CIUDADES O PRINCIPADOS QUE, ANTES DE SER OCUPADOS, VIVÍAN SEGÚN SUS PROPIAS LEYES

Quomodo administrandae sunt civitates vel principatus, qui, antequam occuparentur suis legibus vivebant

Cuando los Estados que se conquistan, como ya se mencionó, están acostumbrados a vivir según sus propias leyes y en libertad, para mantenerlos, hay tres modos: el primero, arruinarlos; el segundo, ir a residir personalmente allí; el tercero, dejarlos vivir con sus propias leyes, cobrándoles una pensión después de crear dentro de ellos un Estado reducido que se conserve amistoso. Porque, al ser este Estado creado por el príncipe, él sabe que no podrá permanecer allí sin amistad y sin poder, y hará todo lo posible por conservarlo. Pues es más fácil preservar una ciudad acostumbrada a vivir libre, a través de sus ciudadanos, que de cualquier otra manera.

Como ejemplo, están los espartanos y los romanos. Los espartanos tomaron Atenas y Tebas creando un gobierno reducido; sin embargo, las perdieron de nuevo. Los romanos, para conservar Cápua, Cartago y Numancia, las arrasaron y no las perdieron. Quisieron conservar Grecia casi como los espartanos, dejándola libre y gobernada por sus propias leyes, pero no tuvieron éxito: así que se vieron obligados a destruir muchas ciudades de esa provincia para conservarla. Porque, en verdad, no hay un modo seguro de conquistarlas, excepto mediante la ruina. Y quien se convierte en señor de una ciudad acostumbrada a vivir libre y no la destruye, debe esperar ser destruido por ella; pues siempre encuentra como pretexto, en la rebelión, el nombre de la libertad y las antiguas costumbres, las cuales, ni por la distancia de los tiempos ni por beneficios, nunca se olvidan. Y, por mucho que se haga o se provea, si los habitantes no se dispersan o no se desagregan, tampoco olvidan el nombre de su tierra y sus costumbres, recurriendo a ellas siempre que hay un incidente. Así ocurrió en Pisa, cien años después de ser sometida por los florentinos.

Pero, cuando ciudades o provincias están sometidas al dominio de un príncipe y su linaje se extingue, y sus habitantes, por un lado, están acostumbrados a obedecer y, por otro, no tienen al príncipe anterior, no llegarán a un acuerdo para elegir otro y no sabrán vivir libres. Por lo tanto, tomarán las armas muy tarde y, así, con más facilidad, un príncipe podrá vencerlos y apoderarse de su provincia. Sin embargo, las repúblicas tienen más vida, más odio, más deseo de venganza; la memoria de la antigua libertad no las deja descansar; por lo tanto, el medio más seguro es aniquilarlas o habitarlas personalmente.

DE LOS NUEVOS PRINCIPADOS QUE SE ADQUIEREN CON ARMAS PROPIAS Y VIRTUD

De principatibus novis qui armis propriis et virtute acquiruntur

Nadie se sorprenda si, al hablar de principados completamente nuevos, tanto en lo que respecta al príncipe como al Estado, presento ejemplos tan extensos; porque, ya que los hombres siempre transitan por caminos abiertos por otros y actúan por imitación, el sabio deberá seguir siempre los caminos trazados por los grandes hombres y imitar a aquellos que fueron excelentes. Así, aunque no alcancen su virtud, al menos mantendrán algún vestigio de ella. Harán como los arqueros juiciosos que, viendo el objetivo demasiado lejano, apuntan muy alto, no para que su flecha alcance tanta altura, sino para que, con la ayuda de una mira tan elevada, alcance lo que realmente buscaban.

Digo, entonces, que en los principados completamente nuevos, donde hay un príncipe nuevo, habrá mayores o menores dificultades para mantenerlos, según la mayor o menor virtud de quien los adquiera. Y dado que este cambio de ser privado a príncipe presupone virtud o fortuna, parece que ambas cosas atenúan en parte muchas dificultades. No es casualidad que aquel que se afianza menos en la fortuna se mantenga más. La conquista se facilita aún más cuando el príncipe, al no tener otros Estados, se ve obligado a habitar personalmente en el nuevo.

Pero, en cuanto a aquellos que, por virtud propia y no por fortuna, se convierten en príncipes, digo que los más excelentes fueron Moisés, Ciro, Rómulo, Teseo y otros similares. Aunque no debemos hablar de Moisés, por ser simplemente un ejecutor de las órdenes divinas, debemos admirarlo por la gracia que lo hizo digno de hablar con Dios. Sin embargo, considerando a Ciro y a los demás que conquistaron o fundaron reinos, todos son admirables; si se examinan sus acciones e instituciones particulares, no parecerán diferentes de las de Moisés, quien tuvo un preceptor tan grande. Al analizar sus acciones y sus vidas, no se observa que tuvieran otra fortuna que no fuera la ocasión, la cual les proporcionó el material para introducir una forma conveniente. Sin esa ocasión, la virtud de sus mentes se habría extinguido, y sin esa virtud, la ocasión habría sido en vano.

No obstante, fue necesario que Moisés encontrara al pueblo de Israel esclavizado y oprimido en Egipto para que estuvieran dispuestos a abandonar el cautiverio y seguirlo. Rómulo no habría encontrado espacio en Alba ni habría sido abandonado al nacer para luego convertirse en rey de Roma y fundador de la patria. Ciro necesitaba encontrar a los persas descontentos con el imperio de los medos y a estos debilitados y debilitados por la larga paz. Teseo no podría demostrar su virtud si los atenienses no estuvieran dispersos. Estas ocasiones hicieron felices a estos hombres, y su excelente virtud les reveló la oportunidad propicia para enaltecer a su patria y hacerla dichosa.

Aquellos que, como ellos, se convirtieron en líderes mediante la virtud, adquieren el principado con dificultad pero lo mantienen fácilmente. Las dificultades que enfrentan al adquirir el principado surgen en parte de los nuevos ordenamientos y modos que se ven obligados a introducir para establecer sus Estados y garantizar su estabilidad. No hay nada más difícil de tratar, más incierto de lograr ni más arriesgado de dirigir que establecer nuevos ordenamientos. Quien los impone tendrá como enemigos a todos los que se beneficiaban del antiguo orden, mientras que, como defensores tibios, tendrá a aquellos que pueden beneficiarse del nuevo orden, pero son débiles porque, por un lado, temen a los oponentes que tienen las leyes a su favor, y por otro lado, los hombres no toman en serio las cosas nuevas hasta que las ven como experiencia concreta. Por lo tanto, se deduce que los enemigos, siempre que tengan la oportunidad de atacar, lo harán devotamente, mientras que los demás se defenderán indolentemente, poniendo en peligro todo junto a ellos.

Es necesario, por lo tanto, al tratar de esta parte, examinar si estos innovadores dependen de sus propias fuerzas o de otras, es decir, si para llevar a cabo sus obras dependen de la persuasión o del uso de la fuerza. En el primer caso, siempre fracasan y no logran nada; pero cuando dependen solo de sí mismos y pueden usar la fuerza, raramente corren peligro; por lo tanto, todos los profetas armados triunfaron, mientras que los desarmados fracasaron. Además de lo dicho anteriormente, la naturaleza de los pueblos es variada, ya que es fácil persuadirlos, pero difícil mantenerlos en la persuasión. Por lo tanto, cuando pierden la persuasión, debe serles impuesta por la fuerza. Moisés, Ciro, Teseo y Rómulo no habrían mantenido la observancia de sus constituciones por tanto tiempo si estuvieran desarmados; algo similar ocurrió en nuestros tiempos con fray Jerónimo Savonarola, que no pudo mantener el nuevo orden establecido cuando la multitud dejó de creer en él, ya que no encontró la manera de mantener la constancia de aquellos que habían creído en él ni de convertir a los incrédulos. Por lo tanto, al tener grandes dificultades para llevar a cabo sus acciones, se encontraron con peligros en el camino y dependieron de la virtud para superarlos. Después de superar el peligro y una vez que fueron venerados y eliminados aquellos que envidiaban sus cualidades, se mantuvieron poderosos, seguros, honrados y felices.

Quiero sugerir, en comparación con estos ejemplos elevados, otro de menor valor aunque de la misma especie, que será suficiente para todos los demás ejemplos similares: Hierón de Siracusa. Este hombre, de privado, se convirtió en líder de Siracusa; él también solo conoció la ocasión de la fortuna, ya que los siracusanos, sitiados, lo eligieron como capitán, y demostró ser digno de convertirse en líder. Su virtud era tan grande, incluso antes de ser líder, que de él se escribió: "quod nihil illi deerat ad regnandum praeter regnum" (que no le faltaba nada para reinar excepto el reino). Abolió la antigua milicia y estableció la nueva; dejó las antiguas amistades y ganó otras nuevas; y, con amistades y soldados propios, estableció los cimientos de su edificio de tal manera que, aunque le costó mucho trabajo construirlo, tuvo poco trabajo para mantenerlo.

SOBRE LOS NUEVOS PRINCIPADOS ADQUIRIDOS POR MEDIO DE ARMAS Y FORTUNAS AJENAS

De principatibus novis qui alienis armis et fortuna acquiruntur

Aquellos que pasan de ser particulares a príncipes, por suerte, lo logran con poca dificultad, pero mantenerse en esa posición requiere mucho esfuerzo; no encuentran obstáculos en su camino, ya que los superan rápidamente; sin embargo, todas las dificultades surgen cuando alcanzan su destino. Estas personas son aquellas a las que se les otorga un Estado ya sea por medios monetarios o por la generosidad del otorgante. Esto ocurrió en varias ocasiones en Grecia, en las ciudades de Jonia y el Helesponto, donde fueron nombrados líderes por Darío, para aumentar su seguridad y prestigio; y de manera similar sucedía con los emperadores [de Roma], que, partiendo de la condición de particulares, ascendían al Imperio a través de la corrupción de las tropas.

Estos líderes dependían únicamente de la voluntad y la suerte de quienes los elevaron a la grandeza, dos fuerzas muy volubles e inestables. No logran mantener la dignidad alcanzada, ya que, al no ser personas de gran intelecto y virtud, y haber vivido siempre como particulares, no es razonable esperar que posean habilidades de liderazgo. Además, los Estados que surgen repentinamente, al igual que todas las cosas en la naturaleza que crecen rápidamente, no pueden establecer raíces sólidas y ramificaciones suficientes para resistir la primera tormenta, a menos que aquellos que se convierten en líderes de manera súbita, como mencionamos antes, aprendan rápidamente a preservar la virtud que la suerte depositó en sus manos y sepan construir los cimientos que otros establecieron antes de convertirse en gobernantes.

Quiero, de ambas maneras mencionadas de convertirse en príncipe, por virtud o por fortuna, presentar dos ejemplos que aún conservamos en la memoria: Francisco Sforza y César Borgia. Francisco, por los medios adecuados y por una gran virtud, pasó de ser un particular a duque de Milán; y lo que había conquistado con dificultad, lo mantuvo con poco esfuerzo. Por otro lado, César Borgia, llamado duque Valentino por el pueblo, adquirió el Estado gracias a la buena fortuna de su padre; y con la pérdida de este, perdió aquel, a pesar de haber utilizado todo ingenio y haber hecho todo lo que un hombre prudente y virtuoso podría hacer para arraigar en los Estados que las armas y la fortuna ajena le habían concedido. Como se dijo anteriormente, quien no prepara los fundamentos antes, con gran virtud puede prepararlos después, aunque con mucho esfuerzo del arquitecto y peligro para el edificio.

Si consideramos todo el progreso del duque, veremos los profundos cimientos construidos por él para su futuro poder; no juzgo superfluo hablar de ellos, ya que no conozco mejores preceptos para un nuevo príncipe que el ejemplo de las acciones de ese duque. Pero si los medios que empleó no le fueron apropiados, no será culpa suya, porque nació de una extraordinaria y extrema malignidad de la Fortuna.

Alejandro VI, cuando deseó engrandecer al duque su hijo, enfrentó muchas dificultades presentes y futuras. Primero, no veía cómo hacer que su hijo fuera señor de algún Estado que no fuera de la Iglesia; y sabía que, si intentaba apoderarse de lo que era de la Iglesia, el duque de Milán y los venecianos no se lo permitirían, ya que Faenza y Rímini estaban desde hacía mucho bajo la protección de los venecianos. Además, veía las armas de Italia, especialmente aquellas que podría usar, en manos de aquellos que debían temer la grandeza del papa; no podía confiar en ellas, ya que todas estaban en manos de los Orsini, los Colonna y sus cómplices. Por lo tanto, era necesario perturbar ese orden y desordenar esos Estados para apoderarse de ellos con seguridad. Lo cual le resultó fácil, ya que los venecianos, motivados por otras razones, habían vuelto a llamar a los franceses a Italia: a lo que el papa no se opuso, e incluso facilitó al disolver el antiguo matrimonio del rey Luis.

Pasó entonces el rey a Italia con la ayuda de los venecianos y el consentimiento de Alejandro; y, apenas llegaron a Milán, el papa obtuvo de él nuevos hombres para la empresa de la Romanía, la cual fue concedida al rey para aumentar su reputación. El duque, después de ocupar la Romanía y vencer a los Colonna, quería mantener la conquista y avanzar, pero dos cosas se lo impedían: sus ejércitos no le parecían leales y la voluntad de Francia, es decir, que le faltara el ejército de los Orsini, del cual se había valido antes, y no solo le impidiera nuevas conquistas, sino también le quitara lo ya conquistado; y que el rey hiciera lo mismo.

Del ejército de los Orsini tuvo la confirmación cuando, después de la toma de Faenza, al atacar Bolonia, el duque vio con qué frialdad se lanzaron al ataque; y del rey conoció su ánimo cuando, después de la toma del ducado de Urbino, al asaltar la Toscana, el rey lo hizo desistir de la captura.

Por eso, el duque decidió no depender más de las armas y la fortuna de los demás. Lo primero que hizo fue debilitar el partido de los Orsini y los Colonna en Roma; atrajo a todos sus caballeros haciéndolos sus caballeros, pagándoles altos sueldos y honrándolos según sus cualidades, de modo que en pocos meses su afecto por los antiguos señores se extinguió y se volcó completamente hacia el duque. Después de eso, esperó la ocasión para aniquilar a los líderes de los Orsini, ya habiendo dispersado a los de la casa Colonna; la ocasión era propicia y la aprovechó al máximo; porque al ver los Orsini, tarde, que la grandeza del duque y de la Iglesia significaba su ruina, organizaron una dieta en Magione, en Perugia. De esa dieta surgieron la revuelta de Urbino, los disturbios de la Romanía e innumerables peligros para el duque, que superó con la ayuda de los franceses. Y, habiendo recuperado su prestigio, no confiando en Francia ni en otras fuerzas externas para no enfrentarse a ellas, recurrió a la astucia; y supo disimular tan bien su espíritu que los propios Orsini, mediados por el Señor Paulo, cuya amistad el duque había asegurado dándole dinero, ropa y caballos, se reconciliaron con él; tanto que su estupidez los llevó a Sinigaglia, directamente a manos del duque.

Eliminados entonces esos líderes y conquistados como amigos sus antiguos seguidores, el duque había sentado muy bien los cimientos de su poder: poseía toda la Romanía, con el ducado de Urbino, pareciéndole, sobre todo, haber conquistado la amistad de la Romanía y todos esos pueblos que empezaban a experimentar el bien que habían recibido de él. Y, porque esa parte es digna de ser notada y imitada por otros, no quiero dejarla de lado. Después de tomar la Romanía, el duque la encontró dominada por señores impotentes que saquearon a sus súbditos con más avidez de la que los habían gobernado, promoviendo entre ellos la desunión en lugar de la unión; tanto que esa provincia estaba llena de robos, peleas y todo tipo de delincuencia. Por eso, el duque consideró necesario darles un buen gobierno para hacerla pacífica y obediente al brazo real. Para ello, propuso al señor Ramiro de Orco, un hombre cruel y eficiente, al cual le dio plenos poderes. En poco tiempo, este la volvió pacífica y unida, con gran reputación. Luego, el duque consideró que no era necesaria tanta autoridad, ya que podría volverse odiosa, y propuso un tribunal civil en el centro de la provincia, presidido por un juez, en el cual cada ciudad tenía su abogado. Y, como sabía que los rigores pasados habían generado cierto odio, para purgar las mentes de esos pueblos y conquistarlos por completo, quiso demostrar que, si había habido crueldad, no había surgido de él, sino de la naturaleza acerba del ministro. Aprovechando la ocasión, una mañana en Cesena, lo mandó cortar en dos en la plaza, con un cepo y un cuchillo ensangrentado al lado. La ferocidad del espectáculo dejó al pueblo a la vez satisfecho y estupefacto.

Pero volvamos a donde partimos. Digo que, encontrándose el duque muy poderoso y en parte seguro contra los peligros presentes, al haberse armado a su manera y haber aniquilado en buena medida las armas que, vecinas, podrían molestarlo, le quedaba, para seguir con sus conquistas, el respeto del rey de Francia; porque sabía que el rey, dándose cuenta tardíamente del error que cometió, no las aceptaría. Y comenzó, por lo tanto, a buscar nuevas amistades y a enemistarse con Francia, en la incursión que los franceses hicieron al reino de Nápoles contra los españoles que asediaban Gaeta. Su intención era asegurarse contra ellos; lo que habría logrado rápidamente si Alejandro viviera. Y estas fueron sus acciones en cuanto a las cosas presentes.

En cuanto al futuro, temía, en primer lugar, que un nuevo sucesor de la Iglesia no fuera su amigo y tratara de quitarle lo que Alejandro le había dado. Buscó asegurarse contra esto de cuatro maneras: primero, extinguir la sangre de todos los señores a los que había despojado, para negar al papa el deseo de restaurarlos; segundo, conquistar a todos los caballeros de Roma, como se ha dicho, para poder frenar los intentos del papa con su ayuda; tercero, atraer al Colegio hacia él tanto como fuera posible; cuarto, adquirir tanto poder antes de que el papa muriera, que pudiera resistir por sí mismo a un primer impulso. De esas cuatro cosas, hasta la muerte de Alejandro, había logrado tres; la cuarta no la completó. Mató a tantos de los señores despojados como pudo reunir, y muy pocos se salvaron; ya había conquistado a los caballeros romanos; y en el Colegio tenía un gran apoyo; en cuanto a las nuevas adquisiciones, había deseado convertirse en señor de la Toscana, ya que poseía Perugia y Piombino, y había asumido la protección de Pisa. Y, como no tenía que preocuparse por Francia (y no lo haría, ya que los franceses habían sido despojados del reino de Nápoles por los españoles, por lo que ambos necesitaban comprar su amistad), se lanzaría sobre Pisa. Después de eso, Luca y Siena cederían rápidamente, parte por envidia hacia los florentinos, parte por miedo. Para los florentinos, no había nada que hacer. Si tenía éxito (lo que podría haber logrado en el mismo año en que murió Alejandro), reuniría tantas fuerzas y tanta reputación que se habría mantenido por sí mismo; ya no dependería del destino y de las fuerzas ajenas, sino de su propio poder y virtud.

Pero Alejandro murió cinco años después de que el hijo comenzara a desenvainar la espada. Lo dejó solo con el Estado de la Romanía consolidado y todos los demás en el aire, entre dos poderosos ejércitos enemigos y moribundo. Pero el duque tenía tanto impulso y virtud, y sabía tan bien cómo conquistar y arruinar a los hombres, y los cimientos que había construido en tan poco tiempo eran tan firmes, que si no fuera por esos dos ejércitos, o si no estuviera enfermo, se habría mantenido sin dificultad alguna.

Que sus cimientos eran sólidos lo demostró el hecho de que la Romanía lo esperó más de un mes; en Roma, aunque medio muerto, estaba seguro; y, a pesar de que los Ballioni, Vitelli y Orsini fueron a Roma, no pudieron hacer nada contra él; si no pudo hacer papa a quien quería, al menos logró que no fuera papa quien no quería. Pero si hubiera estado sano en la muerte de Alejandro, todo le habría sido fácil. Me dijo, el día en que Julio II fue elegido, que había pensado en lo que podría suceder después de la muerte de su padre. Para todo encontraba remedio. Pero nunca pensó que, el día de la muerte de su padre, él mismo estaría a punto de morir.

Habiendo recopilado todas las acciones del duque en ese momento, no podría censurarlo; por el contrario, me parece que sus acciones deben ser imitadas por todo aquel que, por fortuna y con las armas de otros, ha alcanzado el poder. Porque él, con un alma tan grande y una intención tan elevada, no podía conducirse de otra manera; solo la brevedad de la vida de Alejandro y la enfermedad se opusieron a sus designios. Quien juzgue, por lo tanto, necesario asegurarse contra los enemigos, conquistar amigos, vencer por la fuerza o por la perfidia, hacerse amar y temer por los pueblos, ser seguido y reverenciado por los soldados, exterminar a aquellos que pueden o deben ofenderlo, innovar con nuevos ordenamientos las instituciones arcaicas, ser severo y agradecido, magnánimo y liberal, extinguir la milicia infiel y crear una nueva, mantener la amistad de reyes y príncipes, de manera que lo beneficien sin interés o lo enfrenten con respeto, no podrá encontrar ejemplos más recientes que las acciones de ese hombre.

Solo podemos censurarlo por su conducta en la elección de Julio como pontífice, que fue errónea; porque, como se dijo, si no podía hacer un papa a su manera, al menos debía lograr que no fuera papa quien no quería que fuera; y nunca debió permitir que ascendiera al papado ninguno de los cardenales a quienes había ofendido, o que, convertido en papa, lo temiera. Porque los hombres ofenden por miedo o por odio. Aquellos a quienes había ofendido eran, entre otros, San Pedro Advíncula, Colona, San Jorge y Ascanio; todos los demás, convertidos en papas, tenían razones para temerlo, excepto el cardenal de Ruán y los españoles; estos por afinidad y obligaciones; aquel por el poder, teniendo a su lado el reino de Francia. Por lo tanto, el duque, frente a esto, debía hacer papa a un español, y, no pudiendo, debía consentir que fuera el cardenal de Ruán y no San Pedro Advíncula. Se equivoca quien cree que a los grandes hombres los nuevos beneficios les hacen olvidar las antiguas ofensas. Por lo tanto, el duque cometió un error en esa elección; y ese error fue la razón de su última ruina.

DE AQUELLOS QUE, A TRAVÉS DE CRÍMENES, HAN ALCANZADO EL PRINCIPADO

De his qui per scelera ad principatum pervenere

Pero, porque aún hay dos maneras de llegar de privado a príncipe, que no pueden ser atribuidas completamente a la fortuna o a la virtud, no debo dejarlas de lado, aunque de la última se pueda hablar más detalladamente cuando se trate de las repúblicas. Estos dos modos son: cuando por algún medio acelerado o nefasto se llega al principado, o cuando un ciudadano privado se convierte en príncipe de su patria por el favor de otros ciudadanos. Y hablando del primer modo, se mostrarán dos ejemplos, uno antiguo y otro moderno, sin entrar, sin embargo, en el mérito de esa parte, pues considero que bastarán para quien necesite imitarlos.

Agatocles de Sicilia, hombre no solo de privado, sino también de ínfima y abyecta condición, se hizo rey de Siracusa. Hijo de alfarero, llevó siempre, en todas las fases de la vida, una existencia acelerada; pero ejerció todas sus perfidias con tanta virtud de alma y cuerpo que, en la milicia, escaló todos los escalones, llegando a ser pretor de Siracusa. En ese puesto, decidió convertirse en príncipe y mantener, con violencia y sin obligación hacia nadie, lo que por acuerdo le había sido concedido; para ello, se entendió con Amílcar, el cartaginense, quien con sus ejércitos militaba en Sicilia; y reunió, en una mañana, al pueblo y al Senado de Siracusa como si tuvieran que deliberar asuntos pertinentes a la República. Y, con una señal combinada, hizo que sus soldados mataran a todos los senadores y a los más ricos del pueblo; muertos estos, ocupó y conservó el principado de esa ciudad sin ninguna contestación civil. Y, aunque fue vencido dos veces y, finalmente, sitiado, no solo pudo defender su ciudad, sino que también, dejando parte de su gente sitiada, con otra parte atacó África; en poco tiempo, liberó Siracusa del asedio y llevó a los cartagineses a un estado tan grande de penuria, que estos se vieron obligados a llegar a un acuerdo con él y conformarse con la posesión de África, dejando a Agatocles Sicilia.

Quien considere, por lo tanto, esas acciones y esa existencia, no encontrará nada, o muy poco, que pueda atribuirse a la fortuna; porque, como se dijo antes, no fue por el favor de nadie, sino por su ascenso en la milicia, logrado a costa de mil sacrificios y peligros, que alcanzó el principado; y luego, con diversas decisiones audaces y arriesgadas, lo mantuvo. No se puede, por otro lado, decir que sea virtud matar a los propios ciudadanos, traicionar a los amigos, no tener fe, no tener piedad ni religión; de esta manera, se puede conquistar un imperio, pero no se puede alcanzar la gloria. Porque, si se considera la virtud de Agatocles al entrar y salir de peligros, y su grandeza de ánimo al soportar y superar adversidades, no se verá por qué se le juzgaría inferior a cualquier otro excelente capitán. Sin embargo, por su crueldad feroz y deshumanidad, y por sus innumerables perfidias, no se permite que sea celebrado entre los hombres más ilustres. No se puede, por lo tanto, atribuir a la fortuna o a la virtud, aquello que, sin una ni otra, fue conseguido por él.

En nuestros tiempos, cuando reinaba Alejandro VI, Liverotto de Fermo, habiendo quedado huérfano muy joven, fue criado por el tío materno, Juan Fogliani, y, al inicio de la juventud, confiado a Pablo Vitelli, para que se perfeccionara y alcanzara un excelente puesto en la milicia. Después de que Pablo murió, Liverotto se puso al servicio de Vitellozzo, hermano de Pablo; y, en muy poco tiempo, por ser ingenioso y de ánimo vivo, se convirtió en el primer hombre de la milicia. Pero, pareciéndole una cosa servil andar bajo órdenes de otro, y con la ayuda de algunos ciudadanos de Fermo, a quienes les era más cara la servidumbre que la libertad de su patria, y con el favor de Vitellozzo, pensó en ocupar Fermo. Escribió, entonces, a Juan Fogliani diciéndole que, habiendo estado muchos años fuera de casa, quería verlo a él y también a su ciudad, y tener una idea general de su patrimonio; y, como no había trabajado por más nada que para conquistar la honra y para que sus ciudadanos vieran que no había gastado el tiempo en vano, quería llegar honrado y acompañado por cien amigos y sirvientes a caballo; pidió también al tío que ordenara a los ciudadanos de Fermo que lo recibieran con honra; porque eso no solo le daba honra a él, sino también al tío, que lo educó.

El tío no dejó de atender en nada al sobrino; y, siendo él recibido por los pueblos de Fermo con todas las honras, se hospedó en sus casas, donde, después de haber descansado algunos días, organizó en secreto lo necesario para su futura perfidia. Organizó un banquete solemne al que invitó a Juan Fogliani y a todos los hombres importantes de Fermo. Terminado el banquete y todas las distracciones que alegran esos acontecimientos, Liverotto, maliciosamente, empezó a tratar ciertos asuntos importantes, hablando de la grandeza del papa Alejandro y del hijo César, y de las empresas realizadas por ellos. Juan y los demás respondieron a sus reflexiones, y él, de repente, se levantó y dijo que esos asuntos debían tratarse en un lugar más discreto. Se retiró a una habitación; Juan y los ciudadanos lo acompañaron. Apenas se sentaron, salieron soldados de diversos lugares escondidos y mataron a Juan y a todos los demás. Después de ese homicidio, Liverotto montó a caballo, recorrió toda la ciudad y asedió el palacio del magistrado supremo de tal forma que, por miedo, fueron obligados a obedecerlo y formar un gobierno, del cual él se convirtió en príncipe.

Después de haber mandado matar a todos los descontentos que podrían perjudicarlo, se fortaleció de tal manera con nuevas normas civiles y militares, que, durante el periodo de un año en que gobernó, se estableció con seguridad en la ciudad de Fermo y se hizo temer por todos los vecinos. Hubiera sido difícil aniquilarlo, como lo fue con Agatocles, si no se hubiera dejado engañar por César Borgia, cuando este, como se dijo, atrajo a los Orsini y a los Vitelli a Sinigaglia. Fue allí donde, un año después de haber cometido parricidio, murió estrangulado con Vitellozzo, maestro de sus virtudes y perfidias.

Alguien podría cuestionar cómo Agatocles y algunos de sus semejantes, después de tantas traiciones y crueldades, pudieron vivir seguros por mucho tiempo en su patria y defenderse de los enemigos externos, sin que los ciudadanos conspiraran contra ellos; mientras que tantos otros, mediante la crueldad, no pudieron, ni en tiempos de paz, mantener el Estado, ni en tiempos dudosos de guerra. Creo que esto resulta del buen o mal empleo de la crueldad. Bien empleadas pueden llamarse aquellas -si del mal es lícito hablar bien- que se hacen de una vez, por necesidad de seguridad, y luego se abandonan, convirtiéndose ellas, en la medida de lo posible, en beneficio de los súbditos; mal empleadas son aquellas que, aunque al principio sean pocas, con el tiempo crecen en lugar de disminuir. Aquellos que observan el primer modo pueden, con la ayuda de Dios y de los hombres, encontrar algún remedio para su estado, como ocurrió con Agatocles; en cuanto a los demás, es imposible que se mantengan.

Es de notar aquí que, al apoderarse de un Estado, el invasor debe pensar en todas las ofensas que es necesario cometer; y hacerlas todas de una vez, para no tener que renovarlas cada día, y, de ese modo, no innovándolas, puede tranquilizar a los hombres y conquistarlos con beneficios; quien hace de otro modo, ya sea por timidez o por desacierto, necesita estar siempre con el cuchillo en la mano; no podrá nunca confiar en sus súbditos, pues estos, debido a las constantes injurias que sufren, no pueden confiar en él. Las injurias deben hacerse todas de una vez, pues, siendo soportadas por menos tiempo, son menos amargas; los beneficios se deben hacer poco a poco, para que sean más saboreados. Un príncipe debe, sobre todo, vivir con sus súbditos de modo que ningún accidente, mal o bien, lo haga oscilar. Pues, apareciendo las necesidades en tiempos adversos, no tendrá él tiempo de hacer el mal; y el bien que haga no lo beneficiará, pues lo juzgarán forzado, y no le serán agradecidos por ello.

DEL PRINCIPADO CIVIL

Pero volvámonos hacia la otra parte, cuando un ciudadano privado, no por perfidia ni otra violencia intolerable, sino por el favor de otros ciudadanos, se convierte en príncipe de su patria, lo que puede llamarse principado civil; para cuya adquisición no concurre gran virtud ni gran fortuna, sino más bien una astucia afortunada. Se alcanza este principado por el favor del pueblo o de los grandes, porque en todas las ciudades se encuentran estos dos humores distintos, que surgen de la aversión de los pueblos a ser comandados y oprimidos por los grandes, y de los deseos de los grandes de comandar y oprimir al pueblo; y, de estos dos apetitos diferentes, nace en las ciudades uno de estos tres efectos: principado, libertad o licenciosidad. El principado emana ya sea del pueblo o de los grandes, según la ocasión se ofrezca a una u otra de estas partes; porque los grandes, al ver que no pueden resistir al pueblo, vuelven a uno de ellos con buena reputación y lo hacen príncipe para poder, bajo su sombra, saciar sus propios apetitos. El pueblo, por su parte, al ver que no puede resistir a los grandes, dirige a alguien con buena reputación y lo hace príncipe, para ser defendido con la autoridad de ese príncipe.

Quien llega al principado con la ayuda de los grandes se mantiene con más dificultad que aquel que llega con la ayuda del pueblo;

porque se ve príncipe en medio de tantos que se le asemejan, y por lo tanto no puede ni comandarlos ni manejarlos a su manera. Pero aquel que llega al principado con el favor popular se encuentra solo, y no hay nadie, o hay muy pocos, a su alrededor que no estén dispuestos a obedecerlo. Además, no se logra, con honestidad y sin la injuria de los demás, la satisfacción de los grandes, sino la del pueblo, cuyo deseo es más honesto que el de los grandes, ya que los grandes anhelan la opresión, mientras que el pueblo, salvo ser oprimido. Además, de un pueblo enemigo, un príncipe no podrá nunca asegurarse, porque son muchos; pero de los grandes podrá, por ser pocos. Lo peor que puede esperar un príncipe del pueblo enemigo es ser abandonado por él; pero de los grandes enemigos no solo debe temer el desamparo, sino también que le hagan frente, porque teniendo ellos más astucia y siendo más astutos, siempre tienen tiempo de resguardarse, buscando refugio junto a aquel que esperan que venza. El príncipe está obligado aún a vivir siempre con ese mismo pueblo; pero puede pasar bien sin los grandes, pudiendo hacerlos y deshacerlos todos los días, creándoles y quitándoles la reputación según su agrado.

Y, para esclarecer mejor esta parte, digo que los grandes pueden ser examinados principalmente de dos maneras: o se comportan de tal forma que su conducta los somete en todo a la fortuna del príncipe, o se comportan de otra manera. Los que se someten y no son rapaces deben ser honrados y amados; los que no se someten deben ser examinados de dos maneras: o lo hacen por pusilanimidad o por defecto natural del espíritu; en este caso, el príncipe debe servirse de ellos, especialmente de los buenos consejeros, porque en la prosperidad lo exaltan y en la adversidad no ha de temerlos. Pero, cuando no se someten, por artimaña o por ambición, es señal de que piensan más en ellos que en el príncipe; y de aquellos debe protegerse el príncipe, y temer como si fueran enemigos declarados, porque siempre, en la adversidad, ayudarán a arruinarlo. Debe, por lo tanto, aquel que se ha convertido en príncipe mediante el favor del pueblo, mantenerse su amigo; lo que le será fácil, pues el pueblo solo desea no ser oprimido. Pero aquel que, en contra del pueblo, se convierte en príncipe con el favor de los grandes, debe antes que nada procurar conquistar al pueblo; lo que le será fácil si lo toma bajo su protección. Y, como los hombres, cuando reciben el bien de aquellos de quienes esperaban el mal, son más agradecidos con sus bienhechores, el pueblo será más benévolo al príncipe de lo que sería si el príncipe llegara al poder por los favores del pueblo; y podrá el príncipe conquistarlo de muchas maneras; pero, como estas varían según las circunstancias y, por lo tanto, no tienen regla cierta, de ellas no trataré. Concluyo solo que a un príncipe le es necesario tener la amistad del pueblo; de lo contrario, en la adversidad no habrá remedio. Nabis, príncipe de los espartanos, soportó el asedio de toda Grecia y de un ejército romano victorioso, y defendió contra ellos su patria y su Estado; y le bastó solo, sobrevenido el peligro, asegurarse contra pocos; si él hubiera tenido al pueblo enemigo, eso no le habría bastado.

Y no vengan a rebatir esta mi opinión con aquel proverbio banal: quien se apoya en el pueblo se apoya en el lodo; porque eso es verdad, cuando un ciudadano privado hace de esta idea su fundamento, y acaba creyendo que el pueblo lo libera cuando es oprimido por los enemigos o por los magistrados. En este caso, podría encontrarse frecuentemente engañado, como los Gracos en Roma, y el señor Jorge Scali en Florencia. Pero, si el príncipe que se apoya en el pueblo tiene capacidad de mando, es hombre de coraje que no teme la adversidad, y a él no le falta desenvoltura, con su disposición de espíritu y con las órdenes que dé, mantendrá el ánimo de todos y jamás será traicionado por el pueblo; de esta manera, parecerá haber construido sobre buenos cimientos.

Suelen estos principados incurrir en peligro cuando cambian de un gobierno civil a uno absoluto, porque estos líderes o mandan por sí mismos o mediante magistrados; en este escenario, su situación es más frágil y arriesgada, porque dependen totalmente de la voluntad de los ciudadanos encargados de la magistratura, los cuales, sobre todo en tiempos adversos, pueden perjudicarlos con gran facilidad, volviéndose en su contra o dejando de obedecerlos. Y el príncipe no estará listo, ante los peligros, para asumir una autoridad absoluta; porque los ciudadanos y súbditos, que suelen recibir las órdenes de los magistrados, no se sienten inclinados, en circunstancias de crisis, a obedecer las órdenes de él; y siempre tendrá, en tiempos dudosos, pocas personas en las cuales pueda apoyarse.

Porque tal príncipe no debe fundamentarse en lo que ve en tiempos tranquilos, cuando los ciudadanos necesitan del Estado; porque entonces todos corren, todos prometen, y cada uno quiere morir por él, mientras la muerte está lejos; pero, en tiempos adversos, cuando el Estado necesita de los ciudadanos, en esa hora se encuentran pocos. Y esta experiencia es tanto más peligrosa, porque solo puede realizarse una vez. Por eso, un líder sabio debe pensar en un modo por el cual los ciudadanos, siempre y en todas las circunstancias, necesiten del Estado y de él; y después, estos siempre le serán fieles.

DE QUÉ MANERA DEBEN SER EVALUADAS LAS FUERZAS DE TODOS LOS PRINCIPADOS

Quomodo omnium principatuum vires perpendi debeant

Es conveniente tener en cuenta, al examinar las cualidades de estos principados, otra consideración, es decir, si un príncipe tiene un Estado lo suficientemente fuerte como para gobernarse por sí mismo cuando sea necesario, o si siempre necesita ser defendido por otros. Y para aclarar mejor esta parte, digo cómo juzgo a aquellos que pueden gobernarse por sí mismos y que pueden, ya sea por abundancia de hombres o dinero, reunir un ejército justo y emprender una campaña contra cualquiera que intente atacarlos. También juzgo a aquellos que siempre necesitan de otros, que no pueden participar en una campaña contra el enemigo, sino que necesitan refugiarse dentro de sus propios muros y protegerse.

En cuanto al primer caso, ya se ha discutido, y volveremos a hablar de ello cuando sea necesario. En relación al segundo caso, no se puede decir mucho más, excepto instar a los príncipes a fortificar y abastecer sus ciudades, sin preocuparse demasiado por el territorio. Aquel que tenga bien fortificada su tierra y se comporte con sus súbditos como ya hemos dicho antes, y volveremos a decir, solo será atacado con gran cautela; ya que los hombres evitan empresas en las que encuentran dificultades y no pueden encontrar facilidad atacando a aquel que tiene la ciudad fortificada y no es odiado por el pueblo.

Las ciudades de la Magna [Germania] son muy libres, tienen pocas tierras y obedecen al emperador cuando quieren, no temen ni a él ni a otro poderoso cercano, ya que están tan fortificadas que todos consideran costoso y difícil asediarlas. Todas están provistas de murallas y fosos; cuentan con suficiente artillería; siempre tienen en sus almacenes alimentos, bebidas y combustible para un año; además, para mantener bien alimentada a la población sin pérdida del bien público, siempre tienen lo necesario para proporcionar trabajo durante un año en actividades cruciales y vitales para la ciudad y en las industrias que sustentan al pueblo. También dan gran importancia a los ejercicios militares y tienen muchas reglas para mantenerlos.

Un príncipe con una ciudad fuerte y que no se haga odiar no puede ser atacado, pero si lo fuera, quien lo atacara se iría con vergüenza, ya que las cosas en el mundo son tan variadas que es casi imposible que alguien pueda mantener sus ejércitos ociosos durante un año asediándolo. A aquellos que argumentan que la población con propiedades fuera de los muros no soportará verlas arder y que el largo asedio y el interés propio harán que dejen de amar al príncipe, respondo que un principado prudente y valiente siempre supera esas dificultades, ya sea dando esperanza a los súbditos de que el mal no perdurará, haciendo que teman la crueldad del enemigo o protegiéndose hábilmente contra aquellos que parecen demasiado atrevidos.

Además, lógicamente, el enemigo debe quemar y arruinar el territorio al principio, cuando los ánimos de los hombres aún están encendidos y dispuestos a defenderse. Por lo tanto, con menor razón, el príncipe debe temer, ya que después de algunos días, cuando los ánimos estén fríos, el mal estará consumado y aceptado, sin remedio. Entonces, los hombres estarán aún más unidos a su príncipe, ya que para defenderlo vieron arder sus hogares, creyendo que el príncipe les estará agradecido. La naturaleza de los hombres los hace sentirse obligados tanto por los beneficios que otorgan como por los que reciben. Por lo tanto, considerando todas estas cosas, no será difícil para un príncipe prudente mantener firme, antes y después, el ánimo de sus ciudadanos durante el asedio, siempre que no falten alimentos y municiones.

DE LOS PRINCIPADOS ECLESIÁSTICOS

De principatibus ecclesiasticis

Nos queda, ahora, ocuparnos solo de los principados eclesiásticos, cuyas dificultades son todas anteriores a su adquisición; porque, para su conquista, contribuyen ya sea la virtud o la fortuna, y para su mantenimiento no contribuye ni una ni otra; ya que son sustentados por antiguas disposiciones religiosas, cuya fuerza y naturaleza son suficientes para mantener a sus príncipes en sus Estados, sea cual sea la forma en que procedan y vivan. Poseen Estados, pero no los defienden; súbditos, pero no los gobiernan; los Estados, al ser indefensos, no les son arrebatados; los súbditos, al no ser gobernados, no se preocupan por ello, ni lo consideran, ni pueden separarse de ellos. Así, solo estos principados son seguros y felices. Pero, al ser gobernados por motivos superiores, que la mente humana no alcanza, dejaré de hablar de ellos; porque, al ser creados y mantenidos por Dios, sería obra de un hombre presumido y temerario disertar sobre ellos.

Antes de Alejandro, los potentados italianos (y no solo aquellos que se autodenominaban potentados, sino cualquier barón y señor) daban poca importancia a la Iglesia y poco valor al poder temporal. Hoy en día, un rey de Francia tiembla ante la Iglesia, que pudo expulsarlo de Italia y arruinar a los venecianos. Por lo tanto, si alguien me preguntara cómo la Iglesia, en el poder temporal, alcanzó tanta grandeza, aunque esto sea notorio, no me parece superfluo recordarlo.

Antes de que Carlos, rey de Francia, ingresara a Italia, esa provincia estaba bajo el dominio del papa, los venecianos, el rey de Nápoles, el duque de Milán y los florentinos. A estos potentados les eran necesarias dos medidas principales: que ningún forastero entrara con armas en Italia y que ninguno de ellos ocupara más Estados. Los que más se temían eran el papa y los venecianos. Para mantener a los venecianos lejos, se requería la unión de todos los demás, como ocurrió en la defensa de Ferrara; para detener al papa, se necesitaban los barones de Roma, quienes siempre entraban en conflicto entre ellos, al estar divididos en dos facciones, Orsini y Colonna; y, estando en armas, justo debajo de las narices del pontífice, mantenían al pontificado débil e impotente. Y, aunque en ocasiones surgía un papa valiente, como Sixto, ni la fortuna ni el saber podían librarlo de esas molestias. Y la brevedad de sus vidas era la razón de ello; porque, en los diez años que, en promedio, vivía un papa, poco podía hacer para socavar a una de las facciones; y, si, por ejemplo, uno amenazaba con extinguir a los Colonna, otro surgía para revitalizarlos, sin que tuviera tiempo para consumar la extinción de los Orsini. Esto hacía que las fuerzas temporales del papa fueran poco apreciadas en Italia.

Luego apareció Alejandro VI, quien, entre todos los pontífices que hubo, mostró cuánto podía valer un papa, con dinero y armas; y realizó, a través del duque Valentino, y durante el paso de los franceses por Italia, todas aquellas cosas sobre las que he hablado al mencionar las acciones del duque. Y aunque la intención del papa no era engrandecer a la Iglesia, sino al duque, su hijo, lo que hizo contribuyó a su grandeza, la cual se convirtió en heredera de las fatigas del papa, después de la muerte de él y la extinción del hijo.

Después vino Julio II, y encontró a la Iglesia grande, dueña de toda la Romaña; los barones de Roma extintos; y, gracias a las incursiones de Alejandro, anuladas aquellas facciones. También encontró el camino abierto para acumular dinero, lo que nunca se había hecho hasta Alejandro. Cosas que Julio no solo siguió, sino que amplió, y pensó en apoderarse de Bolonia, extinguir a los venecianos y expulsar a los franceses de Italia. Y todas estas empresas tuvieron buen éxito, y tanto más elogio tuvieron porque sirvieron para engrandecer a la Iglesia y no a algún ciudadano privado. Mantuvo también a las facciones de los Orsini y los Colonna en las mismas condiciones en que las encontró; y, aunque entre ellos había algunos líderes que podrían cambiar la situación, aún dos cosas los mantenían sobrios: una era la grandeza de la Iglesia, que los aterrorizaba; la otra, ya no tener sus cardenales, que eran la fuente de discordia entre ellos. Estas dos facciones nunca estarán en paz mientras tengan cardenales, ya que son ellos quienes alimentan, dentro y fuera de Roma, las facciones, y los barones están obligados a defenderlos. Así, de la ambición de los prelados nacen las discordias y los tumultos entre los barones. Encontró entonces Su Santidad, el papa León, un pontificado poderosísimo; y se espera que, si otros lo hicieron grande con las armas, este, con la bondad y otras innumerables virtudes, lo haga grandísimo y venerable.

CUÁNTOS SON LOS TIPOS DE MILICIAS Y SOBRE LOS SOLDADOS MERCENARIOS

*Quot sint genera militiae et
de mercennariis militibus*

Habiendo disertado en particular sobre todas las cualidades de esos principados de los cuales me propuse hablar al principio, y habiendo considerado en algunas partes las razones de ser buenas o malas, y mostrado los modos en que muchos buscaron adquirirlos y mantenerlos, ahora me queda disertar, en general, sobre las ofensas y defensas de las cuales puede valerse cada uno de los principados tratados anteriormente.

Dijimos cómo es necesario que un príncipe tenga cimientos sólidos; de lo contrario, es inevitable que caiga en ruinas. Los principales cimientos que todos los Estados tienen, tanto los nuevos como los viejos o mixtos, son las buenas leyes y las buenas armas. Y como no puede haber buenas leyes donde no hay buenas armas, y donde hay buenas armas es inevitable que haya buenas leyes, dejaré de lado las leyes y hablaré de las armas.

Digo, entonces, que las armas con las cuales un príncipe defiende su Estado pueden ser propias, mercenarias, auxiliares o mixtas. Las mercenarias y auxiliares son inútiles y peligrosas; y si alguien tiene un Estado fundamentado en armas mercenarias, nunca estará firme y seguro; porque son desunidas, ambiciosas, indisciplinadas e infieles; valientes entre amigos, cobardes entre enemigos; no temen a Dios y no tienen fe en los hombres, y [por ellas] tanto se retrasa la ruina como se retrasa el ataque; en tiempos de paz, son saqueadas por ellos; en tiempos de guerra, por los enemigos. La razón de esto es que no tienen otro amor ni otra razón que las mantenga en el campo más allá de un poco de salario, que no es suficiente para hacer que quieran morir por el príncipe que los contrata. Quieren ser soldados mientras no hay guerra, pero cuando la guerra surge, quieren huir o marcharse; esto no será difícil de demostrar, ya que la actual ruina de Italia se debe solo al hecho de que, durante muchos años, se apoyó en armas mercenarias, las cuales trajeron cierto progreso para algunos, y parecían valientes cuando combatían entre sí; pero tan pronto como llegó el forastero, mostraron lo que valían, tanto que a Carlos, rey de Francia, se le permitió tomar Italia como con tiza; y aquel que dijo que la causa de esto fueron nuestros pecados, dijo la verdad, aunque esos pecados no fueran los que él pensaba, sino los que yo he narrado; y, como eran pecados de príncipes, los príncipes padecieron las penas.

Quiero demostrar mejor la ineficacia de estas armas. Los capitanes mercenarios pueden ser hombres excelentes o no; si lo son, no son de confiar, porque siempre aspirarán a su propia grandeza; ya sea oprimiendo a su patrón o a otros en contra de la voluntad de quien los contrató; y la ruina de este será segura si el capitán no es virtuoso. Y si alguien responde que cualquiera que tenga las armas en las manos hará eso, mercenarios o no, responderé cómo deben ser manejadas las armas por un príncipe o por una república.

El príncipe debe liderarlas personalmente y desempeñar él mismo el papel de capitán; la república debe enviar ciudadanos y, cuando envíe a alguien que no demuestre valentía, debe reemplazarlo; cuando sea valiente, debe limitarlo con leyes para que no sobrepase los límites. Y, por experiencia, se observa que príncipes solos y repúblicas armadas han logrado grandes avances; y las armas mercenarias, solo causan daño.

Y con más dificultad se somete a un solo ciudadano una república armada con sus propias armas, que una república armada con armas foráneas. Roma y Esparta, durante muchos siglos, estuvieron bien armadas y fueron libres. Los suizos están bien armados y son libres. Sobre las armas mercenarias antiguas, podemos citar, como ejemplos, a los cartagineses, que estuvieron casi oprimidos por sus soldados mercenarios al final de la primera guerra con los romanos, a pesar de tener como líderes a los propios ciudadanos. Felipe de Macedonia fue nombrado capitán por los tebanos después de la muerte de Epaminondas, y, al darles la victoria, les quitó la libertad.

Los milaneses, tras la muerte del duque Felipe, contrataron a Francisco Sforza contra los venecianos, quien, al vencer a los enemigos en Caravaggio, se unió a ellos para oprimir a los milaneses, sus patrones. Sforza, a su vez, al servicio de la reina Juana de Nápoles, la dejó repentinamente desarmada; y ella, para no perder el reino, se vio obligada a entregarse en los brazos del rey de Aragón. Si los venecianos y florentinos aumentaron sus imperios mediante estas armas, y sus capitanes no se convirtieron en príncipes debido a ello, sino que los defendieron, respondo que los florentinos, en este caso, fueron favorecidos por la suerte; porque de los capitanes virtuosos que podrían temer, algunos no vencieron, otros encontraron oposición, y otros dirigieron su ambición hacia otros lugares.

¿Quién no venció? Juan Acuto, y, al no vencer, no se conoció su lealtad; pero todos estarán de acuerdo en que, si hubiera ganado, los florentinos estarían a su merced. Sforza siempre tuvo a los Braccios en su contra, vigilándose mutuamente. Francisco volvió su ambición hacia Lombardía; Braccio, contra la Iglesia y el reino de Nápoles. Pero veamos lo que sucedió recientemente.

Los florentinos nombraron a Paulo Vitelli como su capitán, un hombre muy prudente que, desde su vida privada, había alcanzado gran reputación. Si conquistara Pisa, nadie negaría la conveniencia de que los florentinos estuvieran bajo su mando, porque, si él pasara al servicio del enemigo, no tendrían remedio; y si lo retuvieran, tendrían que obedecerlo. Al observar los avances de los venecianos, se percibe que actuaron con seguridad y gloria mientras hacían la guerra por sí mismos; esto ocurrió antes de que dirigieran sus empresas hacia tierra firme, cuando, con la nobleza y la plebe armada, actuaban virtuosamente; pero, al pasar a luchar en tierra, abandonaron esa virtud y adoptaron las costumbres de las guerras italianas.

Al principio de su expansión terrestre, al no poseer mucho territorio y tener gran reputación, no tenían mucho que temer de sus capitanes; pero al ampliar el territorio, como sucedió bajo Carmanhola, tuvieron la prueba de ese error. Viendo a Carmanhola como un líder virtuoso, cuando bajo su mando derrotaron al duque de Milán, y al darse cuenta de que se estaba volviendo tibio en la guerra, consideraron que ya no sería posible vencer con él, porque le faltaba la voluntad; no podían licenciarlo por miedo a perder lo conquistado; así que tuvieron que matarlo por seguridad.

Luego tuvieron como capitanes a Bartolomé de Bérgamo, Roberto de San Severino, el Conde de Pitigliano y otros similares, con los cuales debían temer más la derrota que la conquista, como sucedió después en Vailà, donde, de un solo golpe, perdieron lo que habían conquistado con tanto esfuerzo durante ochocientos años.

Porque, mediante estas armas, las conquistas son siempre lentas, tardías y débiles, mientras que las pérdidas son siempre rápidas e impactantes.

Y, como he presentado ejemplos de Italia, que fue gobernada por armas mercenarias, quiero hablar de ellas de manera general, para que, al ver el origen y el progreso de estas armas, se puedan corregir mejor. Deben saber, entonces, que desde que el Imperio comenzó a ser rechazado en Italia en estos últimos tiempos y el papa adquirió autoridad temporal, Italia se dividió en más estados; muchas de las grandes ciudades tomaron las armas contra sus nobles, quienes, antes favorecidos por el emperador, las mantenían oprimidas, y la Iglesia las favorecía para ganar reputación en el poder temporal; muchos ciudadanos de otras ciudades se convirtieron en príncipes. Como resultado, al estar casi toda Italia en manos de la Iglesia y algunas repúblicas, y estando los sacerdotes de aquella y los ciudadanos de estas acostumbrados al uso de las armas, comenzaron a contratar soldados extranjeros.

El primero que dio reputación a este tipo de milicia fue Alberico de Conio, de la Romanía. De su escuela surgieron, entre otros, Braccio y Sforza, que en sus épocas fueron árbitros de Italia. Después de ellos vinieron todos los demás que hasta nuestros tiempos comandaron esas tropas. Y, gracias a la virtud de estas, Italia fue invadida por Carlos, saqueada por Luis, violentada por Fernando y deshonrada por los suizos.

El medio que utilizaron, al principio, para adquirir reputación, fue despreciar a la infantería. Así lo hicieron, porque, al carecer de tierras y vivir del trabajo, si tenían pocos infantes no podrían obtener reputación, y si tenían muchos, no podrían alimentarlos; por lo tanto, se limitaron a la caballería, en la cual, con un número manejable, fueron alimentados y honrados. Y las cosas llegaron a tal punto que, en un ejército de 20 mil soldados, no había 2 mil infantes. Además, utilizaron todos los medios para alejar de sí y de los soldados la fatiga y el miedo; no se mataban en combate, sino que se rendían sin pedir rescate. No atacaban de noche; los locales no atacaban las tiendas, no construían cercas ni fosos, y no salían al campo en invierno. Todas estas cosas estaban permitidas en sus órdenes militares, creadas por ellos para evitar, como se dijo, la fatiga y los peligros. De esta manera, llevaron a Italia a la esclavitud y la deshonra.

LO QUE CONVIENE AL PRÍNCIPE EN RELACIÓN CON LA MILICIA

Quod principem deceat circa militiam

Debe, entonces, un príncipe no tener otro objetivo ni otro pensamiento, ni tomar cosa alguna para hacer, sino la guerra, la organización y la disciplina de esta, porque esa es la única arte que se espera de quien comanda. Y es de tanta virtud que no solo mantiene a aquellos que nacieron príncipes, sino que muchas veces hace que los hombres de fortuna alcancen ese puesto; y, al contrario, se ve que cuando los príncipes piensan más en delicadezas que en las armas, pierden su Estado. La razón primera que lo hace perder el Estado es descuidar esa arte, y la razón que lo hace conquistarlo es ser maestro en esa arte.

Francisco Sforza, al estar armado, de privado se convirtió en duque de Milán; los hijos, para huir de las fatigas de las armas, de duques se convirtieron en privados. Porque, entre otros males, el estar desarmado envilece al príncipe; esto es una de esas infamias de las cuales el príncipe debe resguardarse, como se dirá a continuación. Porque, si no hay proporción entre el armado y el desarmado, no es razonable que quien esté armado obedezca con placer a quien está desarmado, y que el desarmado se sienta seguro entre sirvientes armados. Pues, habiendo, por un lado, desdén y, por otro, despecho, no es posible que aquellos operen juntos. Y, además, un príncipe que no entienda de milicias, entre otras desgracias, como se dijo, no puede ser estimado por los soldados, ni confiar en ellos.

No debe el príncipe, por lo tanto, apartar el pensamiento del ejercicio de la guerra, y debe ejercitarlo aún más en la paz, lo que puede hacer de dos maneras: con obras y con la mente. En cuanto a las obras, además de mantener organizados y ejercitados a los suyos, debe estar siempre en cacerías, para acostumbrar el cuerpo a las fatigas, conocer la naturaleza de los lugares y saber cómo surgen los montes, cómo se abren los valles, cómo se extienden las llanuras y entender la naturaleza de los ríos y pantanos, prestando mucha atención a todo esto. Estos conocimientos son útiles de dos maneras: primero, se aprende a conocer el propio país, entendiendo mejor sus defensas; y, mediante el conocimiento práctico de estos lugares, fácilmente comprenderá todos los demás que deba conocer, porque las colinas, los valles, las llanuras, los ríos y los pantanos que existen, por ejemplo, en la Toscana, tienen cierta semejanza con las otras provincias; por lo tanto, del conocimiento del terreno de una provincia se puede conocer fácilmente las otras. Y, al príncipe que ignora estos conocimientos, le falta lo primero que necesita un capitán; porque estos conocimientos le enseñan a encontrar al enemigo, dónde establecer campamentos, por dónde conducir los ejércitos, cómo ordenar las jornadas y asediar con ventaja las ciudades.

Filopemenes, príncipe de los aqueos, tenía, entre las virtudes que le atribuyeron los escritores, la de en tiempos de paz no pensar sino en la guerra; y, cuando estaba en campo con los amigos, frecuentemente se detenía y les hablaba: "Si los enemigos estuvieran sobre aquella colina, y nosotros nos encontráramos aquí con nuestro ejército, ¿quién de nosotros estaría en ventaja? ¿Cómo podríamos ir al encuentro de ellos, manteniendo el orden? Si quisiéramos retirarnos, ¿cómo deberíamos hacerlo? Si ellos se retiraran, ¿cómo haríamos para perseguirlos?". Y les proponía, mientras caminaban, todos los casos que pudieran ocurrir en un ejército; escuchaba la opinión de todos, mostraba la suya y la corroboraba con argumentos, de tal manera que, por estas continuas reflexiones, no podía jamás, guiando los ejércitos, surgir ningún accidente del cual él no tuviera el remedio.

Pero, en cuanto al ejercicio de la mente, debe el príncipe leer las historias y en ellas considerar las acciones de los hombres excelentes, ver cómo se condujeron en las guerras, examinar las razones de la victoria y las derrotas, para evitar estas y imitar aquellas; y, sobre todo, debe hacer como hicieron antes que él los hombres excelentes, que imitaron a otros anteriormente elogiados o glorificados por gestos y acciones. De esta manera, Alejandro Magno imitó a Aquiles; César imitó a Alejandro; Escipión imitó a Ciro. Y quien lee la vida de Ciro, escrita por Jenofonte, reconoce después, en la vida de Escipión, cuánto le valió aquella imitación para la gloria, y cuánto en la castidad, afabilidad, humanidad y liberalidad se asemejaba Escipión a aquellas cosas que Jenofonte escribió de Ciro.

Tales modos un príncipe sabio debe observar, y nunca en tiempos de paz permanecer ocioso; pero, con habilidad, adquirir conocimiento que le sea útil en las adversidades, para que, cuando la fortuna cambie, se encuentre listo para soportarla.

SOBRE ESTAS COSAS POR LAS CUALES LOS HOMBRES Y ESPECIALMENTE LOS PRÍNCIPES SON ALABADOS O CRITICADOS

De his rebus quibus homines
et praesertim principes
laudantur aut vituperantur

Ahora queda por ver cuáles deben ser las formas y conductas de un príncipe hacia los súbditos y los amigos. Y, porque sé que sobre esto ya muchos han escrito, dudo, escribiendo aún yo, no ser juzgado presumido, sobre todo por apartarme, en este asunto, de los principios ajenos. Pero, siendo mi intención escribir algo útil para quien esté interesado, me pareció conveniente orientarme más por la verdad efectiva de los hechos que por la imaginada. Porque muchos imaginaron repúblicas y principados nunca vistos o conocidos realmente, ya que, habiendo gran distancia entre cómo se vive y cómo se debería vivir, aquel que abandona lo que hace por lo que debe hacer conoce la ruina en lugar de la preservación; y un hombre que en todas las situaciones profesa el bien conoce inevitablemente la ruina entre los inicuos. Es, por lo tanto, necesario para un príncipe que quiera mantenerse tener conocimiento de cómo no ser bueno y hacer uso o no de la benevolencia, según la necesidad.

Dejando, entonces, de lado las cosas imaginadas sobre un príncipe, y hablando sobre aquellas que son verdaderas, digo que todos los hombres, y especialmente los príncipes, al tener puestos más elevados, son juzgados por ciertas cualidades que les acarrean desaprobación o elogio. Pues algunos serán considerados liberales; otros, miserables (valiéndome de un término toscano, porque avaro, en nuestra lengua, es aún aquel que por rapina desea poseer, y mísero llamamos nosotros a aquel que se abstiene demasiado de usar lo que es suyo); unos son tenidos como generosos, otros como rapaces; unos crueles, otros piadosos; uno es traidor, el otro leal; uno afeminado y pusilánime, otro feroz y animoso; uno humano, el otro soberbio; uno lascivo, el otro casto; uno sincero, el otro astuto; uno duro, el otro fácil; uno grave, el otro liviano; uno religioso, el otro incrédulo, y así sucesivamente. Y sé que se dirá que muy loable sería encontrar en un príncipe, de todas las cualidades citadas anteriormente, solo aquellas que son consideradas buenas; pero, al no ser posible tenerlas todas, ni observarlas completamente, debido a la propia condición humana que no lo permite, es, al príncipe, necesaria prudencia para evitar la infamia de los vicios que redundarían en la pérdida del Estado, y practicar las virtudes que le asegurarían y protegerían, si le es posible. Pero, si no lo es, no deberá preocuparse mucho. Pues quien se preocupa demasiado por evitar la infamia de aquellos vicios, sin los cuales difícilmente se puede mantener el Estado, incurre en algo que puede parecer virtud, pero que, seguido, conduce a la ruina, y evita algo que parece vicio, pero que, seguido, promueve la seguridad y el bienestar.

DE LA LIBERALIDAD Y LA PARSIMONIA

De liberalitate et parsimonia

Para empezar, entonces, con las primeras cualidades mencionadas anteriormente, diré en qué condiciones es bueno ser considerado liberal; sin embargo, la liberalidad, usada para merecer el juicio de liberal, nos perjudica. Porque, si se practica como virtud y como debe ser, no se hace conocida, evitándonos así la vergüenza de su opuesto. Sin embargo, si queremos ser considerados liberales entre los hombres, será necesario no escatimar ninguna muestra de suntuosidad, de tal manera que un príncipe que proceda de esta manera consumirá todos sus recursos en tales obras, y al final, si quiere mantener el nombre de liberal, necesitará gravar al pueblo con impuestos y hacer todas aquellas cosas que se pueden hacer para obtener dinero.

Poco a poco, se volverá odiado por sus súbditos y, empobrecido, acabará poco estimado por todos; de modo que, con su liberalidad, habrá ofendido a muchos y premiado a pocos, vacilará ante los primeros obstáculos y estará en peligro ante los primeros contratiempos. Pero al darse cuenta de esto y querer retroceder, caerá pronto en la infamia de miserioso. Un príncipe, por lo tanto, no pudiendo hacer uso, sin daño, de la virtud de la liberalidad de manera que sea reconocida, deberá, si es prudente, ignorar la reputación de mísero, porque con el tiempo volverá a ser visto como liberal. El pueblo sabrá que, con moderación, los ingresos del príncipe son suficientes; con ellos, puede defenderse de aquellos que le hacen la guerra y realizar obras sin cargar al pueblo; de esta manera, practica la liberalidad hacia todos aquellos de quienes no toma nada, que son numerosos, y lleva la miseria a todos aquellos a quienes da, que son pocos.

En nuestra época, solo los reputados como desafortunados han realizado grandes obras; los demás han terminado en la ruina. El papa Julio II fue considerado generoso hasta alcanzar el papado; luego no cuidó de la reputación para ir a la guerra. El actual rey de Francia ha llevado a cabo tantas guerras sin imponer un tributo extraordinario a los suyos, solo porque administró con parsimonia los gastos superfluos. El actual rey de España, si fuera considerado generoso, no podría embarcarse en tantas empresas ni tener éxito. Por lo tanto, un príncipe debe gastar poco para no tener que robar a los súbditos; para poder defenderse, para no volverse pobre, para no verse obligado a convertirse en un depredador, incluso incurriendo en la fama de miserable, ya que este es uno de los vicios que le permiten reinar.

Y si alguien dijera que César llegó al Imperio con generosidad, y que muchos otros, por haber sido generosos y reconocidos como tales, alcanzaron altos cargos, yo respondería: o ya eres un príncipe, o pronto lo serás. En el primer caso, esa generosidad es perjudicial; en el segundo, es necesario ser generoso y así ser reconocido. Y César era uno de aquellos que querían llegar al principado de Roma; pero si, después de llegar allí, hubiera sobrevivido y no se hubiera vuelto comedido en los gastos, habría destruido ese Imperio.

Y si alguien replicara que muchos príncipes, con sus ejércitos, han hecho grandes cosas y eran reputados como generosos, yo respondería: o el príncipe gasta de lo suyo y de los súbditos, o gasta de otros; en el primer caso, debe ser parcimonioso; en el segundo, no debe dejar de lado ninguna generosidad. Pero para aquel príncipe que marcha con sus ejércitos, que se mantiene saqueando, tomando botines y rescates, y manejando los bienes de otros, esa generosidad es necesaria; de lo contrario, no sería seguido por los soldados.

Sin embargo, en lo que no es suyo ni de sus súbditos, el príncipe puede actuar con generosidad, como lo hicieron Ciro, César y Alejandro; porque gastar lo que es de otros no disminuye la reputación del príncipe, sino que la aumenta; solo perjudica gastar lo que es propio. No hay nada en el mundo que se consuma más a sí mismo que la generosidad; si el príncipe la utiliza, pronto pierde la facultad de hacerlo, ya que se vuelve pobre o menospreciado; si la evita para evitar la pobreza, se vuelve un depredador y odiado. Y entre las cosas que un príncipe debe evitar están ser menospreciado y ser odiado; y la generosidad lo lleva a ambas cosas. Por lo tanto, es más sabio soportar la reputación de mísero e incurrir en una infamia sin odio que, por desear la reputación de generoso, convertirse en depredador y, en consecuencia, incurrir en una infamia con odio.

SOBRE LA CRUELDAD Y LA PIEDAD; Y SI ES MEJOR SER AMADO QUE TEMIDO, O VICEVERSA

De crudelitate et pietate; et an sit melius amari quam timeri, vel e contra

Volviendo a las otras cualidades ya mencionadas, afirmo que cada líder debe desear ser considerado piadoso y no cruel; sin embargo, es crucial cuidar el buen uso de esa piedad. César Borgia era reputado como cruel; sin embargo, esa crueldad fue instrumental para reorganizar la Romanía, unirla y someterla a la paz y la fe. Lo cual, bien considerado, evidencia su piedad en comparación con el pueblo florentino, que, para evitar ser etiquetado como cruel, permitió la destrucción de Pistoia.

Por lo tanto, un líder no debe preocuparse por la mala reputación de crueldad, para mantener a los súbditos unidos y leales; pues, con muy pocos ejemplos, será más piadoso que aquellos que, por excesiva piedad, permiten el crecimiento de desórdenes, de los cuales resultan asesinatos o saqueos; ya que estas ocurrencias perjudican a todos, mientras que los asesinatos ordenados por el líder perjudican solo a uno.

Entre todos los líderes, es imposible para un nuevo líder evitar la fama de cruel, ya que los Estados nuevos están repletos de peligros. Y Virgilio, a través de Dido, afirma:

> **"Res dura, et regni novitas me talia cogunt**
>
> **Moliri, et late fines custode tueri"**

No obstante, al creer y actuar, es esencial reflexionar; valientemente, se debe actuar de manera equilibrada, con prudencia y humanidad, de modo que la confianza excesiva no haga al líder descuidado y la desconfianza excesiva no lo vuelva intolerable.

Surge, a partir de ahí, un conflicto: si es mejor ser amado que temido, o viceversa. Se responde que lo deseable es ser ambas cosas; pero, como es difícil reunirlas, es mucho más seguro ser temido que amado, cuando es necesario renunciar a una de las dos. Porque, en general, se puede decir de los hombres que son ingratos, inconstantes, simulados y disimulados, temerosos del peligro, ávidos de lucro; y, mientras se les hace el bien, pertenecen al príncipe, le ofrecen sangre, ropa, vida y hasta sus propios hijos cuando la necesidad está lejos, como se dijo antes; pero, cuando esta se acerca, se rebelan. Y aquel príncipe que se basa en sus palabras, encontrándose privado de otras formas de defensa, se arruina; porque las amistades adquiridas por interés, y no por la grandeza y nobleza del alma, tienen mérito, pero no se puede confiar en ellas, y en el momento oportuno no se pueden utilizar.

Y los hombres se preocupan menos por ofender a aquel que se hace amar que a aquel que se hace temer; porque el amor es un vínculo de obligación que los hombres, al ser malos, rompen a la primera oportunidad; pero el temor está alimentado por el miedo al castigo que lo acompaña.

No obstante, el príncipe debe hacerse temer de tal manera que, si no conquista el amor, evita el odio, porque puede ser temido sin ser odiado al mismo tiempo; lo cual logrará siempre que se abstenga de los bienes y mujeres de sus ciudadanos y súbditos; y si necesita derramar la sangre de alguien, que lo haga cuando haya una justificación conveniente y una causa manifiesta; pero, sobre todo, debe abstenerse de los bienes ajenos; porque los hombres olvidan más rápidamente la muerte del padre que la pérdida del patrimonio. Además, nunca faltan motivos para apoderarse de los bienes ajenos; y siempre aquel que comienza a vivir del saqueo encuentra motivos para ocuparse de ello; no obstante, las acciones contra la sangre son más raras y se agotan más rápidamente.

Pero, cuando el príncipe está al frente de sus ejércitos y comanda a una multitud de soldados, tiene la obligación de no preocuparse por el brillo de ser cruel; porque, sin él, nunca mantendrá al ejército unido y listo para la acción. Entre las admirables acciones de Aníbal, se menciona esta: que, teniendo un ejército grandísimo, una mezcla de innumerables estirpes, y llevado a luchar en tierras extranjeras, nunca presenció ninguna discordia, ni entre las estirpes ni contra el príncipe, tanto en la mala como en la buena fortuna. Esto no podía deberse más que a su crueldad inhumana, la cual, junto con sus innumerables virtudes, lo hacía siempre venerado y temible en la opinión de sus soldados; porque sin esa crueldad, ninguna de sus otras virtudes le habría bastado. Sin embargo, escritores apresurados, si bien admiran esa virtud en Aníbal por un lado, por otro condenan la principal causa de esta.

Y que sea verdad o no que sus otras virtudes no le habrían bastado, se puede ver en Cipión, un caso raro no solo en su tiempo, sino en toda la memoria de las cosas de las que se tiene conocimiento, cuyos ejércitos se rebelaron en España. La causa de esto fue la demasiada clemencia de Cipión, que otorgó a sus soldados más libertades de las que convenían a la disciplina militar. Sobre esto, Fábio Máximo lo reprendió en el Senado, llamándolo corruptor de la milicia romana. Los locrios, ultrajados por un legado de Cipión, no fueron desagraviados por él, ni la insolencia de ese legado fue reprimida, todo debido a la naturaleza indulgente de Cipión. Este fue el caso en el que alguien en el Senado, al querer justificarlo, dijo que [Cipión] pertenecía a una especie de hombres que saben mejor cómo no equivocarse que corregir los errores. La naturaleza habría mancillado con el tiempo la fama y la gloria de Cipión si hubiera persistido en el gobierno; pero viviendo bajo el gobierno del Senado, esa cualidad perjudicial no solo desapareció, sino que también le trajo gloria.

Concluyo, entonces, volviendo a la cuestión de ser temido y amado, que, dado que los hombres aman según sus voluntades y temen la voluntad de los príncipes, un príncipe sabio debe apoyarse en lo suyo, no en lo ajeno; solo debe esforzarse por evitar el odio, como se dijo.

DE QUÉ MANERA LOS PRÍNCIPES DEBEN MANTENER LA FE

Quomodo fides a principibus sit servanda

Cuánto es loable que un príncipe mantenga la palabra y viva con integridad en lugar de astucia, todos lo comprenden; sin embargo, se observa, por experiencia, que en nuestros tiempos muchos príncipes han logrado grandes cosas, pero teniendo poca consideración en mantener la palabra, supieron con astucia engañar la inteligencia de los hombres; y al final, superaron a aquellos que confiaron en su lealtad.

Deben, entonces, comprender cómo son las dos formas de combate: una con las leyes, otra con la fuerza; la primera es propia del hombre, la segunda de los animales; pero porque la primera a menudo no es suficiente, es necesario recurrir a la segunda. Por lo tanto, a un príncipe le es necesario valerse tanto del animal como del hombre. Esto fue enseñado a los príncipes de manera velada por los antiguos escritores, quienes escribieron sobre Aquiles y muchos otros príncipes antiguos que fueron confiados a la educación del centauro Quirón, quien bajo su disciplina los nutrió. Tener como preceptor a un ser mitad animal, mitad hombre, no significa más que un príncipe debe saber usar ambas naturalezas; y una sin la otra no es duradera.

Siendo necesario para un príncipe comportarse como una bestia salvaje, debe tomar como ejemplo a la zorra y al león; porque el león no se defiende de las trampas y la zorra no se defiende de los lobos. Por lo tanto, se debe ser astuto para conocer las trampas y león para amedrentar a los lobos. Aquellos que actúan solo como leones entienden poco. No puede, ni debe, un señor prudente mantener la palabra cuando tal observancia le sea perjudicial y cuando cesen las razones que lo llevaron a prometer. Si todos los hombres fueran buenos, este precepto no sería bueno; pero porque son inicuos y no cumplen su palabra con el príncipe, este tampoco está obligado a mantener la palabra dada a ellos. Nunca faltan al príncipe razones legítimas para justificar la ruptura de la palabra. Se podrían dar infinitos ejemplos de tiempos recientes y mostrar cuántas paz y promesas fueron arruinadas por la infidelidad de los príncipes; y aquel que mejor actuó como la zorra logró mayor éxito.

Pero es necesario saber ocultar bien esa naturaleza y ser un buen simulador y disimulador; los hombres son tan simples y obedecen tanto a las necesidades presentes que aquel que engaña siempre encontrará a alguien que se deje engañar.

No quiero dejar de mencionar un ejemplo de los tiempos recientes. Alejandro VI no hizo más que engañar a los hombres y solo pensaba en eso; y siempre encontró ocasión para hacerlo. Nunca existió un hombre que tuviera mayor seguridad en afirmar algo con grandes juramentos y luego no cumplirlo; sin embargo, los engaños siempre le resultaron según su propio deseo, porque conocía bien este aspecto del mundo.

Por lo tanto, un príncipe no necesita poseer todas las

características mencionadas anteriormente, pero es imperativo que aparente tenerlas. O mejor dicho, me arriesgaré a decir que, teniéndolas y empleándolas continuamente, le serán perjudiciales; sin embargo, al parecer tenerlas, se volverán provechosas; así le será útil parecer piadoso, fiel, humano, íntegro y religioso, y de hecho serlo; pero debe tener disposición de espíritu para volverse impío cuando sea necesario. Y se debe entender que un príncipe, especialmente uno nuevo, no puede seguir todas las cosas por las cuales los hombres son considerados buenos, ya que muchas veces, para mantener el Estado, debe actuar en contra de la fe, la caridad, la humanidad y la religión. Sin embargo, es necesario que tenga la disposición de cambiar según los vientos y las variaciones que la fortuna le imponga, y, como se dijo antes, no apartarse del bien si puede, pero saber adentrarse en el mal si es necesario.

Entonces, un príncipe debe tener mucho cuidado de nunca dejar escapar de su boca una palabra que no esté llena de las cinco cualidades mencionadas anteriormente, y que parezca, a quienes lo vean y oigan, todo piedad, toda fe, toda integridad, toda humanidad, toda religión. Y no hay nada más necesario que aparentar esta última cualidad. Y los hombres, universalmente, juzgan más por los ojos que por las manos; porque todos pueden ver, pero pocos pueden sentir. Todos ven lo que el príncipe aparenta ser, pero pocos sienten lo que realmente es; y esos pocos no se atreven a oponerse a la opinión de los muchos que tienen la majestuosidad del Estado para defenderlos; y en las acciones de todos los hombres, y especialmente de los príncipes, donde no hay tribunal de apelación, se espera el éxito final.

Por lo tanto, el príncipe debe esforzarse por vencer y mantener el Estado; los medios siempre serán considerados honorables y elogiados por todos, porque la multitud se deja llevar por las apariencias y el éxito de las cosas, y en el mundo solo existe la multitud; y los pocos no pueden hacer nada cuando los muchos no tienen donde apoyarse. Un príncipe de nuestros tiempos, a quien es mejor no nombrar, predica solo la paz y la fe, pero es enemigo supremo de ambas; y ambas, si las hubiera seguido, le habrían impedido muchas veces la reputación o el Estado.

SOBRE HUIR DEL DESPRECIO Y EL ODIO

De contemptu et odio fugiendo

Pero, por qué, sobre las cualidades anteriormente mencionadas, hablé de las más importantes, de las demás quiero tratar brevemente, de acuerdo con estas generalidades: que el príncipe procure evitar aquellas cosas que lo vuelven odioso y despreciable, como se dijo antes, en parte; y cada vez que las evite, habrá cumplido con lo que le corresponde, y no encontrará ningún peligro en otras infamias. Lo vuelve odioso, sobre todo, como dije, ser rapaz y usurpador de los bienes y mujeres de los súbditos; de lo cual debe abstenerse; y siempre que a los hombres, en general, no se les quiten ni bienes ni honores, viven contentos, y solo se tendrá que combatir la ambición de unos pocos, la cual de muchas maneras y con facilidad se refrena. Lo vuelve despreciable ser considerado voluble, ligero, afeminado, pusilánime, irresoluto; de lo cual un príncipe debe resguardarse como de un escollo, y esforzarse para que en sus acciones se reconozca grandeza, valentía, gravedad, fortaleza, y en cuanto a las acciones privadas de los súbditos, debe desear que su sentencia sea irrevocable; y que se mantenga en tal opinión, de manera que nadie piense en engañarlo o burlarlo.

El príncipe que proyecte esta imagen tendrá buena reputación; y contra quien la tiene, con dificultad se conspira, con dificultad se lucha, siempre que sea considerado excelente y reverenciado por los suyos. Porque un príncipe debe tener dos temores: uno internamente, por parte de los súbditos; el otro externamente, por parte de los potentados extranjeros. De estos, se defiende con las buenas armas y con los buenos amigos; y siempre que tenga buenas armas, tendrá buenos amigos; y siempre estarán seguras las cosas internas, mientras estén seguras las externas, si es que no han sido perturbadas por una conspiración; y, cuando también las externas lo perturban, si el príncipe se ha organizado y vivido como dije, y no ha perdido el ánimo, siempre resistirá a todo ataque, como afirmé que hizo el espartano Nábis.

Pero, respecto a los súbditos, cuando las cosas externas no se perturban, se debe temer que conspiran secretamente; el príncipe se asegura evitando ser odiado o despreciado, y manteniendo al pueblo satisfecho; lo cual es necesario lograr, como se dijo anteriormente extensamente. Y uno de los remedios más eficaces que un príncipe puede tener contra las conspiraciones es no ser odiado por la mayoría, porque siempre que se conspira, se cree que con la muerte del príncipe se satisface al pueblo; pero, cuando se puede ofender, el conspirador no se anima a tomar semejante partido, porque las dificultades que enfrentarán los conspiradores serán demasiadas.

La experiencia nos muestra que las conspiraciones son muchas, pero que su éxito es poco, ya que quien conspira no puede estar solo, ni tener como compañía sino a aquellos que cree insatisfechos; y tan pronto como los insatisfechos conocen la intención del conspirador, se alegran, porque pueden beneficiarse de la denuncia; pues, teniendo ellos la ganancia segura por un lado, y viendo la duda y los muchos peligros del otro, conviene que sean amigos, aunque pocos, o que sean enemigos obstinados del príncipe, para que cumplan la palabra dada. Y, para dejar el asunto en términos breves, digo que, por parte del conspirador, no hay sino miedo, celos y temor al castigo; sin embargo, por parte del príncipe, hay la majestad del principado, las leyes, los amigos y el Estado que lo protegen; tanto que, sumándose a todas esas cosas la benevolencia popular, es imposible que alguien sea tan temerario que se atreva a conspirar. Porque, si un conspirador teme, por lo general, antes de conspirar el mal, si tiene al pueblo por enemigo, temerá incluso después de haberlo practicado, no pudiendo entonces esperar ningún refugio.

De este tema, se podrían dar infinitos ejemplos; pero quiero citar solo uno, que nos fue legado por la memoria de nuestros padres. Monseñor Aníbal Bentivoglio, abuelo del actual Monseñor Aníbal, era príncipe en Bolonia y fue asesinado por los Canneschis, que habían conspirado contra él, no quedando nadie de él, excepto Monseñor Juan, aún en pañales; poco después de dicho homicidio, el pueblo se sublevó y mató a todos los Canneschis. Esto fue resultado de la benevolencia popular que disfrutaba la casa de los Bentivoglio en esos tiempos; y fue tan grande que, no quedando nadie en Bolonia de esa familia que pudiera gobernar el Estado después de la muerte de Aníbal, y habiendo indicio de que en Florencia quedaba un Bentivoglio, hijo de un herrero, los boloñeses fueron hasta allí y le dieron el gobierno de esa ciudad. Florencia fue gobernada por él hasta que Monseñor Juan alcanzó la edad conveniente para gobernar.

Concluyo, por lo tanto, que un príncipe debe dar poca importancia a las conspiraciones cuando el pueblo le es benévolo; pero, cuando es enemigo y lo tiene en odio, debe temer a todo y a todos. Y los Estados bien organizados y los príncipes sabios han buscado con toda diligencia no desesperar a los grandes, y satisfacer al pueblo y mantenerlo contento; porque ese es uno de los asuntos más importantes que tiene un príncipe que tratar.

Entre los reinos bien organizados y gobernados de nuestros tiempos se encuentra el de Francia; en él se hallan numerosas instituciones benéficas, de las cuales depende la libertad y la seguridad del rey; la primera de ellas es el parlamento y su autoridad. Quien organizó este reino, conociendo la ambición y la insolencia de los poderosos; considerando necesario ponerles un freno en la boca que los contuviera; y reconociendo también el odio, basado en el miedo, que la mayoría siente hacia los grandes, no permitió que fuera responsabilidad real mantener la seguridad de todos. Así, el rey no tendría que soportar el odio de los grandes al favorecer al pueblo, ni el odio del pueblo al favorecer a los grandes. En su lugar, estableció un tercer juicio que, sin carga real, venciera a los grandes y favoreciera a los pequeños. Esta orden no podría ser mejor, ni más prudente, ni proporcionaría una mayor seguridad al rey y al reino. De esto se puede extraer otra conclusión digna de nota: que los príncipes deben confiar en otros para las tareas desagradables y reservarse los actos de gracia. Concluyo nuevamente que un príncipe debe estimar a los grandes, pero no permitir ser odiado por el pueblo.

Puede parecer, tal vez a muchos, considerando la vida y la muerte de algún emperador romano, que estos son ejemplos contrarios a mi opinión; incluso si vivió siempre egregiamente y mostró gran virtud de ánimo, no dejó de perder el imperio o ser asesinado por aquellos que conspiraron contra él. Por lo tanto, al querer responder a estas objeciones, discutiré sobre las cualidades de algunos emperadores, mostrando las razones de sus caídas, que no difieren de lo que he expuesto. También consideraré aquellas cosas que son notables para quienes lean los eventos de esos tiempos.

Basta con mencionar a todos aquellos emperadores que se sucedieron en el Imperio, desde Marco, el Filósofo, hasta Maximino: Marco, su hijo Cómodo, Pertinax, Juliano, Severo, su hijo Antonino Caracala, Macrino, Heliogábalo, Alejandro y Maximino. En primer lugar, debe notarse que, en los principados en los que solo tenían que lidiar con la ambición de los grandes y la insolencia del pueblo, los emperadores romanos enfrentaban una tercera dificultad: soportar la crueldad y la avaricia de los soldados. Esto era tan difícil que fue la causa de la ruina de muchos; era complicado satisfacer tanto a los soldados como al pueblo, ya que estos amaban la tranquilidad y preferían a los príncipes modestos, mientras que los soldados preferían a un príncipe de espíritu militar, insolente, cruel y rapaz. Estas cosas querían que el príncipe las dirigiera contra el pueblo para que recibieran el doble sueldo y pudieran saciar su codicia y crueldad. Estas circunstancias llevaron a la ruina a aquellos emperadores que, por naturaleza o por arte, no tenían una gran reputación para mantener a ambos bajo control. La mayoría de ellos, especialmente aquellos que llegaban jóvenes al principado, al conocer la dificultad de tratar con estos dos humores diferentes, se inclinaban a satisfacer a los soldados, menospreciando al pueblo, cuyo apoyo era necesario. Los príncipes no pueden evitar el odio de algunos, pero deben esforzarse de todas las maneras posibles para evitar el odio de los más poderosos.

Por lo tanto, los emperadores que, al ser jóvenes, necesitaban favores extraordinarios, se inclinaban hacia los soldados en lugar del pueblo. Estos, a pesar de serles útiles o no, dependiendo de la reputación que el príncipe tuviera entre ellos. Por las razones mencionadas anteriormente, Marco, Pertinax y Alejandro, siendo todos de vida modesta, amantes de la justicia, enemigos de la crueldad, humanos y benignos, tuvieron todos, excepto Marco, un triste final. Solo Marco vivió y murió honradamente porque ascendió al imperio de manera hereditaria y no tuvo que ser reconocido por los soldados ni por el pueblo. Además, acompañado de muchas virtudes que lo hicieron venerado, siempre mantuvo, mientras vivió, al ejército y al pueblo dentro de los límites, y nunca fue odiado ni menospreciado. Pero Pertinax fue hecho emperador en contra de la voluntad de los soldados, que, acostumbrados a vivir licenciosamente durante el reinado de Cómodo, no pudieron soportar la vida honesta a la que él quería reducirlos. Por eso fue odiado, y a ese odio se sumó el desprecio por su vejez, lo que lo arruinó desde el principio de su administración.

Debe notarse aquí que el odio se adquiere tanto mediante las buenas acciones como mediante las malas; sin embargo, como se dijo anteriormente, un príncipe que desea mantener el Estado se ve constantemente obligado a no ser bueno; porque, cuando esa institución, ya sea el pueblo, los soldados o los grandes, de la cual el príncipe cree que necesita para su propia manutención, está corrompida, es necesario seguir sus deseos para satisfacerla; pero, en ese caso, las buenas acciones le serán adversas.

Pero hablemos de Alejandro, quien fue tan benevolente que, entre otros elogios que se le atribuyen, está este: en los años en que mantuvo el imperio, nunca causó la muerte de nadie sin juicio; sin embargo, siendo considerado afeminado y un hombre que se dejaba gobernar por su madre, y por eso, despreciado, el ejército conspiró contra él y lo mató.

Hablando ahora, por otro lado, sobre las características de Cómodo, Severo, Antonino Caracalla y Maximino, los encontraréis muy crueles y ávidos; pues, para satisfacer a los soldados, no perdonaban ningún tipo de injuria que los pueblos cometieran; y todos, excepto Severo, tuvieron un triste final. Porque Severo tenía tanta virtud que, manteniendo a los soldados como amigos, incluso oprimiendo a los pueblos, siempre pudo reinar con felicidad; porque sus virtudes lo hicieron tan admirable para los soldados como para los pueblos, que quedaban, de cierta manera, atónitos, y aquellos reverentes y satisfechos. Y como sus acciones fueron grandiosas para un príncipe nuevo, quiero mostrar brevemente cómo supo utilizar astucia y fuerza, cuyas naturalezas, como se mencionó antes, deben ser imitadas por el príncipe.

Habiendo conocido Severo la inactividad de Juliano, el emperador, persuadió al ejército, del cual era capitán en Eslovenia, de que era bueno ir a Roma para vengar la muerte de Pertinax, asesinado por los guardias pretorianos; y, bajo este disfraz, sin mostrar que realmente aspiraba al Imperio, condujo al ejército contra Roma; y llegó a Italia antes de que se supiera de su partida. Al llegar a Roma, después de acabar con Juliano, Severo fue, por temor, nombrado emperador por el Senado. A Severo le quedaban, después de eso, dos dificultades para apoderarse de todo el Estado: una en Asia, donde Níger, jefe de los ejércitos asiáticos, se había proclamado emperador; y otra en Occidente, donde estaba Albino, quien aún aspiraba al Imperio. Y, porque consideraba peligroso revelarse como enemigo de ambos, decidió atacar a Níger y engañar a Albino, a quien le escribió diciendo que, una vez aclamado emperador por el Senado, quería compartir esa dignidad con él; y le envió el título de César, y por deliberación del Senado, se convirtió en colega del otro, cosas que Albino aceptó como verdaderas. Pero, ya que Severo había vencido y Níger había muerto, y las cosas se calmaron en Oriente, regresó a Roma, se quejó al Senado de que Albino, ingrato por los beneficios recibidos, había intentado matarlo vilmente, y por lo tanto, esa ingratitud debía ser castigada. Luego fue a buscarlo en Francia y le quitó el Estado y la vida. Quien examine, por lo tanto, con minuciosidad sus acciones, verá allí a un león muy feroz y a una zorra muy astuta; lo verá temido y reverenciado por todos, y no odiado por los ejércitos; y no se sorprenderá de que él, siendo un hombre nuevo, pudiera tener un imperio tan grande; porque su enorme reputación siempre lo defendió del odio que los pueblos concebirían por sus depredaciones.

Pero Antonino, su hijo, fue también un hombre de excelentes cualidades que lo hacían admirado por los pueblos y querido por los soldados; porque era un hombre militar, soportaba cualquier fatiga, despreciaba los alimentos delicados y cualquier otra debilidad, lo que lo hacía amado por todos los ejércitos. Sin embargo, su ferocidad y crueldad fueron tantas y tan inauditas, al haber matado, después de innumerables asesinatos individuales, a gran parte de la población de Roma y toda la de Alejandría, que lo hicieron odioso para todo el mundo; y comenzó a ser temido también por aquellos que lo rodeaban, de manera que fue asesinado por un centurión en medio de su propio ejército.

Debe notarse que tales muertes, que siguen por la deliberación de un espíritu obstinado, son inevitables para los príncipes, ya que aquel que no teme morir no teme matar; sin embargo, el príncipe no debe temerlas, porque son extremadamente raras. Solo debe cuidarse de no cometer una grave injuria contra alguien que le sirva y que tenga cerca para el servicio del principado. Así lo hizo Antonino, que tenía en su guarda a un centurión al que amenazaba y cuyo hermano había matado de manera vil; fue una decisión temeraria que podía arruinarlo, como sucedió.

Pero hablemos de Cómodo, a quien le resultaba muy fácil mantener el Imperio, al poseerlo por derecho hereditario, como hijo de Marco; y solo le bastaba seguir los pasos de su padre, para que los soldados y los pueblos estuvieran satisfechos; pero siendo de ánimo cruel y bestial, para poder usar su rapacidad contra los pueblos, empezó a entretener a los ejércitos y hacerlos licenciosos; por otro lado, no manteniendo la dignidad, bajando frecuentemente a las arenas para luchar con los gladiadores, y haciendo otras cosas crueles y poco dignas de la majestad imperial, se volvió despreciable en la opinión de los soldados. Y, siendo odiado por un lado y menospreciado por otro, conspiraron contra él y lo mataron.

Nos queda hablar de las cualidades de Maximino. Este fue un hombre sumamente belicoso; y, estando los ejércitos muy disgustados por la debilidad de Alejandro, de quien hablé antes, una vez que este murió, lo eligieron para el Imperio, aunque no lo poseyó por mucho tiempo; porque dos cosas lo hacían odioso y despreciable: una, su baja condición, ya que había sido pastor de ovejas en Tracia (conocido por todos y motivo de desprecio para muchos); la otra, porque al principio de su reinado tardó en ir a Roma a tomar posesión del trono imperial, dando la impresión de ser muy cruel, ya que, a través de sus prefectos, practicaba muchas crueldades en Roma y en todo el Imperio. Así, el mundo entero, despreciando su vil linaje y temiendo su ferocidad, se rebeló primero en África, luego el Senado con todo el pueblo de Roma, y toda Italia conspiró contra él. A esto se unió el propio ejército, que, campando en Aquileia y enfrentando dificultades en el asedio, cansado de la crueldad del emperador y temiendo menos al verlo rodeado de enemigos, lo mató.

No quiero hablar ni de Heliogábalo, ni de Macrino, ni de Juliano, quienes, al ser todos despreciables, encontraron su fin rápidamente; pero pasaré a la conclusión de este asunto. Digo que los príncipes de nuestros tiempos tienen menos dificultades para satisfacer de manera extraordinaria a los soldados en sus gobiernos; porque, aunque deban mostrar cierta consideración hacia ellos, es fácil lograrla, ya que ninguno de estos príncipes tiene ejércitos tan arraigados en el gobierno y la administración de las provincias como los del Imperio Romano. Sin embargo, si en ese momento era necesario satisfacer más a los soldados que al pueblo, era porque los soldados tenían más poder que el pueblo; ahora es necesario que todos los príncipes, excepto el gran turco y el sultán [de Egipto], satisfagan tanto a los pueblos como a los soldados, ya que los pueblos tienen más poder que aquellos. Hago una excepción con el gran turco, ya que siempre tiene alrededor de sí 12 mil infantes y 15 mil soldados de caballería, de los cuales depende la seguridad y fortaleza de su reino; es necesario que, sin ninguna otra consideración, su señor los mantenga como amigos. Del mismo modo, dado que el reino del sultán está completamente en manos de los soldados, es conveniente que él también, sin considerar al pueblo, mantenga a los soldados como amigos.

Sin embargo, debe notarse que el Estado del sultán es diferente de todos los demás principados, semejándose al pontificado cristiano, que no puede llamarse ni principado hereditario ni principado nuevo; porque no son los hijos del príncipe anterior quienes, heredando el principado, se convierten en señores; el elegido para el cargo es quien tiene la autoridad. Y siendo esta institución antigua, no puede llamarse principado nuevo, ya que no presenta ninguna de las dificultades de los nuevos; porque, aunque el príncipe sea nuevo en ellos, las instituciones de ese Estado son antiguas y están organizadas para recibirlo como si fuera el señor heredero del Estado.

Pero volvamos a nuestro tema. Digo que cualquiera que considere lo expuesto verá que el odio o el desprecio fueron la causa de la ruina de los emperadores mencionados; y también entenderá por qué, algunos actuando de una manera y otros de otra, en cualquiera de esos modos, uno tuvo un final feliz y los otros un final desafortunado. Porque Pertinax y Alejandro, al ser príncipes nuevos, fue inútil y perjudicial que intentaran imitar a Marco, que estaba en el principado por derecho hereditario; y de manera similar, para Caracalla, Cómodo y Maximino fue perjudicial imitar a Severo, ya que no tenían tanta virtud como para seguir sus pasos. Por lo tanto, un príncipe nuevo, en un principado nuevo, no puede imitar las acciones de Marco, ni es necesario seguir las de Severo; pero debe tomar de Severo aquellas partes que son necesarias para fundar el Estado, y de Marco aquellas que son convenientes y gloriosas para conservar un Estado que ya esté establecido y firme.

SI LAS FORTALEZAS Y MUCHAS OTRAS COSAS QUE SON REALIZADAS DIARIAMENTE POR LOS PRÍNCIPES SON ÚTILES O INÚTILES

An arces et multa alia quae cotidie a principibus fiunt utilia an inutilia sint

Algunos príncipes, buscando la seguridad del Estado, desarmaron a sus súbditos; otros mantuvieron divisiones en las tierras subyugadas; algunos cultivaron enemistades contra sí mismos; algunos se dedicaron a reclutar a aquellos que inicialmente desconfiaban de sus gobiernos; algunos construyeron fortalezas, mientras que otros las arruinaron y destruyeron. Y, aunque no se puede emitir un juicio definitivo sobre todas estas acciones sin considerar las particularidades de los Estados donde se tomaron decisiones similares, hablaré de manera genérica sobre la materia en sí.

Nunca hubo un príncipe recién llegado que desarmara a sus súbditos; al contrario, cuando los encontraba desarmados, siempre los armaba. Pues, al armarlos, las armas se convierten en su propiedad, convirtiendo a los sospechosos en leales. Aquellos que ya eran leales permanecen así, y los súbditos se convierten en partidarios. Al dar armas a algunos, el príncipe beneficia a estos pocos, permitiéndole tratar con los demás con mayor seguridad. Esta diferenciación de trato los hace más agradecidos, mientras que los otros lo perdonan, ya que reconocen la necesidad de recompensar a aquellos que asumen más riesgos y responsabilidades. Desarmarlos, por otro lado, ofende, indicando desconfianza y generando odio. Ante la imposibilidad de desarmar a todos, el príncipe puede recurrir a la milicia mercenaria, aunque, incluso siendo virtuosa, puede no ser suficiente contra poderosos enemigos y súbditos sospechosos. Sin embargo, un príncipe nuevo en un nuevo principado siempre organiza las armas.

Al conquistar un nuevo Estado que se une al antiguo, es necesario desarmar el nuevo, excepto aquellos que apoyaron al príncipe durante la conquista. Sin embargo, con el tiempo, es necesario debilitarlos y organizarlos de manera que las armas del nuevo Estado estén en manos de quienes las poseían en el Estado antiguo.

Antiguamente, según decían nuestros antepasados y sabios, para preservar Pistoia, recurrían a las disensiones, y para conservar Pisa, a las fortalezas. Cultivaban diferencias en algunas tierras sometidas para poseerlas fácilmente. Este método era eficaz cuando Italia estaba en equilibrio, pero hoy dudo que sea un precepto válido, ya que las facciones no ofrecen beneficios. Cuando el enemigo se acerca, las ciudades divididas son inevitablemente derrotadas, ya que la parte más débil se alía al invasor.

Los venecianos, posiblemente motivados por las razones mencionadas, alimentaban las facciones guelfas y gibelinas en las ciudades sometidas a ellos. Incluso sin llevar esas discrepancias a conflictos armados, fomentaban discordias entre ellas para mantener a los ciudadanos ocupados y desunidos. Sin embargo, este método no les fue ventajoso, como evidenciado por la derrota en Vailà, donde parte de las ciudades tomadas se rebeló y tomó el control del Estado. Tales estrategias indican debilidad del príncipe, inaceptable en un principado fuerte, donde tales divisiones son útiles solo en tiempos de paz.

Los príncipes se destacan al superar dificultades y oposiciones. Por lo tanto, al intentar elevar a un príncipe nuevo, la fortuna le trae enemigos para que pueda superarlos y ascender. Algunos creen que un príncipe sabio debe, cuando sea posible, cultivar astutamente alguna enemistad para eliminarla y alcanzar mayor grandeza.

Los príncipes, especialmente los más jóvenes, encuentran mayor confianza y utilidad en aquellos hombres que, en los primeros días del Estado, eran considerados sospechosos que en aquellos en quienes, al principio, depositaban confianza. Pandolfo Petrucci, príncipe de Siena, gobernaba su Estado más asociado con aquellos que inicialmente fueron sospechosos que con aquellos que no lo fueron. Sin embargo, esta generalización no puede aplicarse de manera general, ya que varía según el caso. Solo afirmaré que los hombres que, al principio de un principado, eran adversarios pero cuya calidad los obliga a buscar apoyo para mantenerse, pueden ser conquistados por el príncipe con facilidad. Serán más compelidos a servirle con lealtad, cuanto más perciban la necesidad de revertir la mala opinión que existía sobre ellos. Por lo tanto, el príncipe siempre obtendrá más utilidad de ellos que de aquellos que, al servirlo con excesiva seguridad, descuidan sus responsabilidades.

Y, en el contexto apropiado, quiero recordar a los príncipes que adquirieron un Estado nuevo a través de favores internos de ese mismo Estado, que consideren cuidadosamente qué motivo llevó a aquellos que los favorecieron: si fue el afecto natural hacia el príncipe o simplemente el descontento hacia el antiguo Estado. En el segundo caso, será extremadamente difícil mantenerlos como amigos, ya que es casi imposible satisfacerlos. Analizando adecuadamente, será más fácil para el príncipe conquistar la amistad de aquellos que, incluso siendo adversarios del príncipe, estaban satisfechos con el gobierno anterior, que de aquellos que, al no estar satisfechos con el gobierno anterior, se convirtieron en amigos del príncipe y lo apoyaron en la conquista.

Es práctica común de los príncipes construir fortalezas para garantizar la seguridad de su Estado, siendo estas fortalezas un freno para aquellos que se oponen a ellos. También buscan tener un refugio seguro contra ataques repentinos. Apruebo esta aproximación, que ha sido utilizada durante mucho tiempo. Sin embargo, Monseñor Niccolò Vitelli, en los tiempos actuales, destruyó dos fortalezas en la Ciudad de Castelo para mantener el Estado. Guido Ubaldo, duque de Urbino, después de regresar a sus dominios de los cuales César Borgia lo había expulsado, destruyó los cimientos de todas las fortalezas en esa provincia, creyendo que sería más difícil perder nuevamente su Estado sin ellas. Los Bentivoglios, al regresar a Bolonia, siguieron métodos similares.

Por lo tanto, la utilidad de las fortalezas varía según los tiempos. Un príncipe que teme más a sus súbditos que a los extranjeros debe construir fortalezas, pero aquel que teme más a los extranjeros que a los súbditos no debe preocuparse por ellas. El castillo de Milán, construido por Francisco Sforza, causó y causará más problemas a la casa de los Sforzas que cualquier otra desorden en ese Estado. Sin embargo, la mejor fortaleza es no ser odiado por el pueblo; incluso si el príncipe tiene fortalezas, si el pueblo lo odia, estas no lo salvarán, ya que, cuando las personas son tomadas por las armas, siempre habrá extranjeros dispuestos a socorrerlas. Actualmente, no vemos que las fortalezas hayan sido beneficiosas para ningún príncipe, excepto para la condesa de Forlí, cuando su esposo, el conde Jerónimo, fue asesinado. Gracias a las fortalezas, pudo escapar de la ira popular, esperar el socorro de Milán y recuperar el Estado. Sin embargo, en ese tiempo, los extranjeros no podían socorrer al pueblo. Posteriormente, las fortalezas poco ayudaron cuando César Borgia la atacó, y el pueblo, hostil a ella, se alió con él. Así que, tanto en la primera como en la segunda vez, habría sido más seguro para ella no ser odiada por el pueblo que poseer fortalezas. Considerando todos estos aspectos, elogiaré tanto a aquellos que las construyan como a aquellos que no las construyan y censuraré al que, confiando en las fortalezas, no se preocupe por ser odiado por el pueblo.

LO QUE ES APROPIADO PARA QUE EL PRÍNCIPE SEA CONSIDERADO EXCELENTE

Quod principem deceat ut egregius habeatur

Nada hace a un príncipe tan estimado como las grandes empresas y los raros ejemplos. En nuestros tiempos, tenemos a Fernando de Aragón, actual rey de España. A este casi se le puede llamar príncipe nuevo, ya que, de un monarca débil, se convirtió, por fama y gloria, en el primer rey de los cristianos; y si consideramos sus acciones, las encontraremos todas grandiosas y algunas extraordinarias. Al comienzo de su reinado, emprendió la conquista de Granada; y esta empresa fue el cimiento de su Estado.

Primero, con total libertad y sin temor a ser impedido, mantuvo ocupadas las mentes de los barones de Castilla en esa empresa, quienes, ocupados con la guerra, no pensaban en nuevas ideas; y de esta manera, el rey adquirió reputación y poder sobre ellos, sin que lo notaran. Pudo sostener los ejércitos con el dinero de la Iglesia y del pueblo, y con una guerra prolongada pudo establecer una base para el ejército, que luego lo honró tanto. Además, para llevar a cabo empresas más grandes, utilizando siempre la religión, se entregó a una piadosa crueldad, expulsando y despojando de su reino a los marranos; este ejemplo no podría ser más miserable ni más raro.

Bajo el mismo pretexto, atacó África; realizó la campaña en Italia y, finalmente, se enfrentó a Francia; y así siempre tramó grandes proyectos, mediante los cuales mantuvo siempre suspendidas y admiradas las mentes de sus súbditos, ocupadas con el éxito de esas guerras. Estas acciones surgieron unas de otras, de tal manera que, entre una y otra, nunca hubo espacio para que los hombres pudieran actuar en su contra en silencio.

También es beneficioso para un príncipe dar ejemplos raros de su comportamiento en su propio Estado, similares a los que se cuentan del Señor Barnabé de Milán. Cuando hay ocasión para que alguien haga algo extraordinario, ya sea para bien o para mal, en la vida civil, debe encontrar una manera de premiarlo o castigarlo, de la cual se hable mucho. Y, sobre todo, un príncipe debe ganarse fama de grandeza y de excelente inteligencia en todas sus acciones.

Un príncipe también es estimado cuando es un verdadero amigo y un verdadero enemigo, es decir, cuando se muestra sin reservas a favor de uno contra el otro. Esta actitud siempre es más útil que la neutralidad, porque si dos poderosos vecinos entran en conflicto, el príncipe puede tener que temer al vencedor o no. En cualquiera de estos dos casos, siempre es más útil para el príncipe declararse y librar una guerra digna; porque, en el primer caso, si no se declara, siempre será presa del vencedor, con el placer y la satisfacción del vencido; y no tendrá razón ni nada que lo defienda ni a nadie que lo apoye. Porque quien vence no quiere amigos sospechosos que no lo ayudaron en la adversidad; quien pierde no acoge a aquel que no quiso arriesgarse por él con armas en mano.

Antíoco había ido a Grecia, llamado por los etolios para expulsar a los romanos. Envió embajadores a los aqueos, que eran amigos de los romanos, para exhortarlos a permanecer neutrales; y, por otro lado, los romanos los persuadían a tomar las armas por ellos. Este asunto fue deliberado en el consejo de los aqueos, en el cual el embajador de Antíoco los persuadió a permanecer neutrales; a lo que el embajador romano respondió: "Quod autem isti dicunt non interponendi vos bello, nihil magis alienum rebus vestris est; sine gratia, sine dignitate, praemium victoris eritis". Y siempre sucederá que aquellos que no son amigos del príncipe busquen su neutralidad; y los amigos querrán que se manifieste mediante las armas. Los príncipes indecisos, para evitar los peligros actuales, siguen en la mayoría de los casos la dirección de la neutralidad y casi siempre se arruinan.

Pero cuando el príncipe muestra valentía a favor de una de las partes, si aquel a quien apoya gana, incluso si es poderoso y el príncipe queda a su merced, el vencedor tendrá una obligación hacia él y estará unido por la amistad; porque los hombres no son tan deshonestos como para pagar una gran ayuda con tanta ingratitud. Además, las victorias nunca son tan decisivas que el vencedor no deba mostrar ningún respeto, especialmente en lo que respecta a la justicia. Y el príncipe contará con el apoyo de su aliado incluso si este es el perdedor, ayudándolo siempre que pueda, haciéndolo compañero de una fortuna que puede cambiar.

En el segundo caso, en el que aquellos que luchan entre sí no son del tipo que el príncipe debe temer, será aún más prudente aliarse con uno de ellos; porque llevará a la ruina a aquel a quien el otro debería salvar si fuera sensato; porque, al ganar, estará a merced del príncipe, sin la ayuda sin la cual sería imposible vencer. Se nota aquí que un príncipe debe tener cuidado de no hacer alianza con uno más poderoso que él para atacar a los demás, excepto cuando la necesidad lo obligue, como se mencionó antes, porque al ganar se convierte en rehén del otro; y los príncipes deben evitar, cuando pueden, quedar a merced de los demás. Los venecianos se aliaron con Francia contra el duque de Milán, y podrían haber evitado esa alianza, que resultó en su ruina. Pero cuando no se puede evitar, como le sucedió a los florentinos cuando el papa y España fueron con sus ejércitos a atacar la Lombardía, entonces el príncipe debe unirse por las razones antes descritas. El príncipe nunca debe creer que un Estado pueda tomar partido con seguridad; por el contrario, siempre debe pensar en hacerlo en medio de dudas; porque es parte del orden de las cosas que, para evitar un inconveniente, se incurra en otro; pero la prudencia consiste en reconocer la naturaleza de los inconvenientes y considerar como bueno el menos perjudicial.

Además, un príncipe debe mostrarse amante de las virtudes, acogiendo a los hombres virtuosos y honrando a los mejores en algún arte. Al mismo tiempo, debe garantizar que los ciudadanos puedan ejercer sus oficios con seguridad, ya sea en el comercio, la agricultura u otra actividad humana; y que no teman mejorar sus posesiones por miedo a que se las quiten; y que otros no teman abrir un comercio por miedo a los impuestos; pero que se recompense a quienes hagan estas cosas, y a quienes piensen en cualquier otro modo de expandir su ciudad o su Estado. Además, en las épocas apropiadas del año, debe mantener ocupadas a las personas con festividades y espectáculos. Y, dado que cada ciudad está dividida en gremios o tribus, debe cuidar de esas comunidades, reunirse con ellas en ocasiones, dar ejemplos de humanidad y munificencia, y mantenerse firme a pesar de la majestuosidad de su dignidad, ya que esta nunca debe faltar en nada.

ACERCA DE AQUELLOS QUE LOS PRÍNCIPES TIENEN EN CONFIANZA

De his quos a secretis principes habent

No es un asunto de poca importancia para un príncipe la elección de sus ministros; quienes serán buenos o no, según la prudencia del príncipe. Y la primera conjetura que se hace sobre la inteligencia de un señor proviene de saber qué hombres tiene a su alrededor; si son capaces y leales, siempre se reputará sabio al príncipe, por saber reconocerlos y mantenerlos leales.

Pero, cuando no es así, siempre se hará mal juicio de él; porque el primer error que comete, lo comete justamente en esa elección. No hubo nadie que, conociendo a Monseñor Antonio de Venafro como ministro de Pandolfo Petrucci, Príncipe de Siena, no juzgara a Pandolfo como un hombre de mucho valor, por tenerlo como su ministro. Y, porque hay tres tipos de inteligencias: una que entiende las cosas por sí misma, otra que discierne lo que los demás entienden y una tercera que no entiende ni por sí misma ni por los demás: la primera es excelentísima, la segunda es excelente y la tercera inútil; era, por lo tanto, inevitable que, si Pandolfo no estaba en el primer caso, al menos estuviera en el segundo; porque, cada vez que alguien tiene la capacidad de conocer el bien y el mal que alguien hace y dice, aunque no tenga la capacidad de discernir por sí mismo, reconoce las malas obras y las buenas, y enaltece estas y corrige las otras. De esta manera, el ministro no tendrá esperanzas de engañar al príncipe y se mantendrá bueno.

Pero, para que un príncipe pueda conocer a un ministro, existe este método que nunca falla. Cuando el príncipe perciba que el ministro piensa más en las cosas propias que en las del príncipe, y que en todas las acciones busca el interés propio, sabrá el príncipe que ese hombre jamás será un buen ministro y que no podrá confiar en él; porque aquel que tiene un Estado de otro en sus manos no debe pensar jamás en sí mismo, sino siempre en el príncipe, y no hacerle recordar jamás lo que no concierne al Estado.

Y, por otro lado, el príncipe, para mantenerlo bueno, debe pensar en el ministro, honrándolo, haciéndolo rico, mostrándose agradecido con él, dándole participación en honores y cargos, para que sienta que el príncipe no puede prescindir de él; pero que las muchas honras no le hagan desear otras más, ni las muchas riquezas le hagan desear ser más rico y los muchos cargos le hagan temer los cambios. Cuando, entonces, los ministros y los príncipes en relación a los ministros sean de esa especie, podrán confiar el uno en el otro; pero, cuando no sea así, el resultado será siempre perjudicial para uno u otro.

CÓMO DEBEN EVITARSE LOS ADULADORES

Quomodo adulatores sint fugiendi

No quiero dejar de lado un punto importante y un error del cual los príncipes tendrán mucha dificultad para defenderse, si no son muy prudentes o no hacen una buena elección. Se trata de los aduladores, de los cuales las cortes están llenas; porque los hombres se complacen tanto en sus propias cosas y se engañan de tal manera que con dificultad se defienden de esta peste; y, queriendo defenderse, corren el peligro de ser despreciados. Porque no hay otro modo de guardarse de las adulaciones, sino haciendo que los hombres entiendan que no se ofende a un príncipe por decirle la verdad; pero, cuando todos pueden decir la verdad, desaparecen las deferencias.

Por eso, un príncipe prudente debe tener un tercer modo, eligiendo en su Estado hombres sabios, y solo a ellos debe darles libre albedrío para hablarle la verdad, pero de aquellas cosas que él pregunta, y no de otra; debe, sin embargo, preguntarles sobre todas las cosas, y escuchar su opinión; después, deliberará por sí mismo, a su manera; y, sobre estos consejos, y con los consejeros, se comportará de modo que todos sepan que, cuanto más libremente hablen, más agradarán al príncipe. A nadie más el príncipe escuchará, y conviene que cumpla siempre lo deliberado y que persevera en sus deliberaciones. Quien actúe de otra manera, se arruinará por causa de los aduladores, o se volverá más voluble ante la variedad de opiniones, lo que lo hace menos estimado.

Quiero, a este propósito, aducir un ejemplo contemporáneo. Don Luca, hombre del actual emperador Maximiliano, hablando de Su Majestad, decía que, aunque el emperador no se aconsejara con nadie, nunca hacía nada según sus caprichos, su conducta era, pues, contraria a lo que se dijo antes. Porque el emperador es un hombre reservado, no comunica sus designios a nadie y no pide parecer sobre sus ideas; pero, cuando las pone en práctica, se hacen conocidas y se revelan; por consiguiente, pasan a ser contradichas por aquellos que lo rodean, y, como él es condescendiente, pronto las abandona. De ahí resulta que, aquellas cosas que hace un día, destruye al otro; y que nunca se entiende lo que él quiere o piensa en hacer, y, por lo tanto, que nadie puede basarse en las deliberaciones del emperador.

Un príncipe, por lo tanto, debe aconsejarse siempre, pero solo cuando él lo desee, y no cuando los demás lo deseen; antes, debe impedir a todos el deseo de darle consejos que no fueron solicitados; pero, por otro lado, debe ser pródigo en preguntas, y, de las cosas preguntadas, ser un oyente paciente de la verdad. Sin embargo, al entender que alguien, por algún motivo, no le dice la verdad, debe mostrarse ofendido. Y, si muchos afirman que un príncipe, considerado como prudente, debe esta cualidad no a la naturaleza, sino a los buenos consejos de quienes tiene a su alrededor, sin duda se equivocan. Porque esta es una regla general que nunca falla: un príncipe que no es sabio por naturaleza no puede ser bien aconsejado, a menos que, por fortuna, se confíe en un solo consejero, considerado como hombre muy prudente, que oriente al príncipe en todo. Este caso podría suceder, pero duraría poco, porque ese gobernador en poco tiempo le arrebataría el Estado; pero, aconsejándose con más de uno, un príncipe que no sea sabio nunca recibirá consejos coherentes, y no sabrá conciliarlos solo; cada consejero pensará en el interés propio, y el príncipe no sabrá corregir ni reconocer los consejos recibidos. Y no se pueden encontrar consejeros de otra especie; porque los hombres siempre serán malos, si, por una necesidad, no se vuelven buenos. Sin embargo, se concluye que es conveniente que los buenos consejos, vengan de donde vengan, nazcan de la prudencia del príncipe, y no la prudencia del príncipe de los buenos consejos.

POR QUÉ LOS PRÍNCIPES DE ITALIA PERDIERON EL REINO

Cur Italiae principes
regnum amiserunt

Las cosas antes descritas, cuando se siguen con prudencia, hacen que un príncipe nuevo parezca antiguo, haciéndolo más seguro y firme en el Estado que si hubiera estado arraigado durante mucho tiempo. Porque un príncipe nuevo es mucho más observado en sus acciones que uno hereditario, y cuando esas acciones se vuelven virtuosas, ganan mucho más el favor de los hombres y los obligan mucho más que la antigüedad de la sangre lo haría. Porque los hombres se dejan llevar mucho más por las cosas presentes que por las pasadas, y cuando encuentran el bien en las presentes, sienten placer y no buscan más; antes bien, defenderán al príncipe, siempre y cuando no los decepcione en otros asuntos. Y así tendrá la doble gloria de haber iniciado un principado nuevo y de haberlo adornado y fortalecido con buenas leyes, buenas armas y buenos ejemplos; por otro lado, duplicará su vergüenza si, habiendo nacido príncipe, por falta de prudencia pierde su Estado.

Y si consideramos a aquellos señores que en Italia perdieron sus Estados en nuestros tiempos, como el rey de Nápoles, el duque de Milán y otros, encontraremos en ellos, primero, un defecto común en cuanto a las armas, por las razones expuestas anteriormente; luego, veremos que algunos de ellos tuvieron al pueblo como enemigo, o, si lo tenían como amigo, nunca pudieron asegurarse de los grandes; porque, sin estos defectos, los Estados que tienen suficiente vigor para mantener un ejército en el campo no se pierden. Filipo de Macedonia, no el padre de Alejandro, sino aquel que fue vencido por Tito Quincio, no tenía un Estado muy extenso en comparación con la grandeza de los romanos y de Grecia, que lo atacaron; sin embargo, como hombre militar que sabía cómo mantener al pueblo y asegurarse de los grandes, sostuvo la guerra contra ellos durante muchos años; y si al final perdió el dominio sobre alguna ciudad, le quedó aún el reino.

Por lo tanto, que estos nuestros príncipes, que permanecieron muchos años en sus principados para luego perderlos, no culpen a la fortuna, sino a su propia negligencia, porque al no pensar nunca que los tiempos tranquilos pueden cambiar (lo cual es un defecto común en los hombres, que en la calma no se preocupan por la tormenta), cuando luego llegan los tiempos adversos, piensan en huir y no en defenderse; y esperan que los pueblos, al cansarse de la insolencia del vencedor, los llamen de vuelta. Este curso de acción, cuando fallan los otros, es bueno; pero descartar otros remedios por él es muy malo. Nunca debemos caer creyendo que encontraremos a alguien que nos levante, ya que eso puede no suceder y, cuando sucede, nunca es para nuestra seguridad, pues es una defensa vil y no depende de nosotros. Las defensas son buenas, seguras y duraderas cuando dependen solo de nosotros mismos y de nuestra virtud.

CUÁNTO PUEDA LA FORTUNA EN LOS ASUNTOS HUMANOS, Y CÓMO DEBEMOS ENFRENTARLA

*Quantum fortuna in rebus
humanis possit, et quomodo
illi sit occurrendum*

No me es desconocido que muchos tienen la opinión de que las cosas del mundo están gobernadas por la fortuna y por Dios, de manera que los hombres, con prudencia, no puedan corregirlas ni remediarlas; y, por eso, juzgarían que no conviene insistir mucho en las cosas, sino dejarse llevar por la suerte. Esta opinión es más aceptada en nuestros tiempos, por la gran variación de las cosas que se han visto y que se ven todos los días, y que están más allá de toda conjetura humana. Pensando en ello, a veces me inclino, de alguna manera, hacia esa opinión. Sin embargo, para que nuestro libre albedrío no expire, considero la posibilidad de que la fortuna sea el árbitro de la mitad de nuestras acciones, permitiéndonos aún gobernar la otra mitad, o casi eso.

Comparo esto a esos ríos tormentosos, que, cuando se enfurecen, inundan las llanuras, destruyen los árboles y los edificios y arrastran parte de la tierra para depositarla en otro lugar; todo huye ante él, todo cede a su impulso, y nada se opone a él en ninguna parte. Pero, a pesar de que las cosas son así, cuando los tiempos se calman, los hombres pueden tomar medidas, cavando zanjas, construyendo presas, de modo que, cuando las aguas vuelvan a subir, o seguirán por un canal, o su impulso no será tan desenfrenado ni tan perjudicial. Lo mismo ocurre con la fortuna, que revela su potencia donde no hay virtud organizada para resistirla, y vierte su ímpetu donde no se han construido diques y zanjas para contenerla. Y, si consideran Italia, que es el escenario de esas variaciones, y que las impulsó, encontrarán un campo sin diques y sin zanjas; si estuviera protegida con la virtud necesaria, como la Magna, España y Francia, las inundaciones no habrían provocado las grandes variaciones que hay, o no habrían ocurrido.

Y, con esto, creo que ya se ha dicho lo suficiente en cuanto a la oposición a la fortuna, de manera general.

Restringiéndome, sin embargo, más al particular, digo que hoy se ve a este príncipe prosperar, y mañana arruinarse, sin que se observe en él cambio de naturaleza o calidad; creo que esto se debe, antes que nada, a las razones ya largamente discutidas, es decir, que el príncipe que se apoya totalmente en la fortuna se arruina cuando ella varía. Creo, además, que es feliz aquel que acomoda sus acciones a la naturaleza de los tiempos; y de la misma manera, que es desdichado aquel que con su proceder discrepa de los tiempos. Porque los hombres, en relación con las cosas que tienen por finalidad, las cuales todos anhelan, es decir, glorias y riquezas, proceden de forma variada: uno con prudencia, otro con ímpetu; uno con violencia, otro con astucia; uno con paciencia, otro sin ella; y, con estos diversos modos, cada uno puede alcanzar esa finalidad.

Se ve, aún, que entre dos cautelosos, uno alcanza su objetivo, otro no; y de la misma manera, se les puede ver prosperar con dos modos de proceder: por la prudencia y por el ímpetu. Estas cosas no derivan sino de la naturaleza de los tiempos, que se conforma o no con los modos de proceder. De ello resulta aquello que ya expuse: que dos individuos, actuando de formas distintas, alcanzan el mismo efecto; y entre otros dos, operando de formas similares, uno logra el objetivo deseado, el otro no. De ello depende también la estabilidad del éxito; porque, si uno se comporta con cautela y paciencia, y los tiempos y las cosas contribuyen a que su comportamiento sea bueno, prosperará; pero cuando los tiempos y las cosas cambien, se arruinará si no cambia también. No hay hombre tan prudente que sepa acomodarse a ello; sea porque no puede desviarse de aquello a lo que la naturaleza lo inclina, sea porque, habiendo prosperado siempre por un determinado camino, no se persuadirá a cambiar de rumbo. Es por eso que el hombre cauteloso, cuando ve llegar el tiempo de ser impetuoso, no sabe hacerlo y se arruina, mientras que, si cambiara de naturaleza, según los tiempos y las cosas, no cambiaría la fortuna.

El papa Julio II procedió en todas sus cosas impetuosamente; y encontró tanto los tiempos y las cosas conforme a su modo de proceder, que siempre obtuvo un final feliz. Consideren la primera empresa que hizo contra Bolonia, cuando aún estaba vivo Monseñor Juan Bentivoglio. Los venecianos no estaban contentos con ella; el rey de España, tampoco; con Francia, el papa mantenía conversaciones sobre tal empresa; sin embargo, con la ferocidad y el ímpetu que tenía, inició personalmente esa expedición, la cual, una vez iniciada, hizo que quedaran indecisos y en alerta España y los venecianos; estos por miedo, y aquella por el deseo de recuperar todo el reino de Nápoles. Por otro lado, el papa arrastró consigo al rey de Francia, porque, al ver a ese rey en movimiento, y deseando hacerlo amigo para disminuir el poder de los venecianos, juzgó que no podía negarle sus ejércitos sin injuriarlo de forma manifiesta. Así, Julio realizó, con su impetuosa maniobra, aquello que ningún otro pontífice, con toda la prudencia humana, realizaría; porque, si antes de partir de Roma esperara la conclusión de los acuerdos y la organización de todas las cosas, como cualquier otro pontífice habría hecho, fracasaría: el rey de Francia habría encontrado mil excusas; los otros, señalado mil temores. Quiero dejar de lado las otras acciones del papa, todas similares y todas bien realizadas. La brevedad de la vida no le permitió sentir lo contrario, y, si sobrevinieran tiempos que exigieran de él la necesidad de proceder con cautela, sobrevendría también su ruina, pues nunca se habría desviado de aquellos modos, a los cuales la naturaleza lo inclinaba.

Concluyo, por lo tanto, que, siendo la fortuna inconstante, y estando los hombres obstinados en sus modos, serán felices mientras la fortuna y los modos estén de acuerdo; y, cuando discorden, serán infelices. Juzgo, no obstante, que es mejor ser impetuoso que cauteloso; porque la fortuna es mujer, y, para mantenerla sumisa, será necesario golpearla y contradecirla. Y se ve que se deja vencer más fácilmente por estos que por aquellos que actúan fríamente. Y, por ser mujer, es siempre amiga de los jóvenes, porque los jóvenes son menos cautelosos, más feroces y con más audacia la dominan.

EXHORTACIÓN A TOMAR ITALIA Y RECLAMARLA DE LOS BÁRBAROS EN NOMBRE DE LA LIBERTAD

Exhortatio ad capessendam Italiam in libertatemque a barbaris vindicandam

Considerando, por lo tanto, todas las cosas discutidas anteriormente, pensé conmigo mismo si eran tiempos, en la Italia de hoy, para honrar a un nuevo príncipe; y si había materia para que alguien, prudente y virtuoso, introdujera una forma [de gobierno] digna de él y de su pueblo. Me pareció entonces que tantas cosas corren en beneficio de un príncipe nuevo, que ya no sé qué tiempo podría ser más apropiado para ello. Y si, como dije, fue necesario que el pueblo de Israel fuera esclavo en Egipto para que se conociera la virtud de Moisés; para que se conociera la grandeza de espíritu de Ciro, que los persas fueran oprimidos por los medos; y la excelencia de Teseo, que los atenienses se encontraran dispersos; de la misma manera, en el presente, deseando conocer la virtud de un espíritu italiano, era necesario que Italia se redujera al punto en el que se encuentra en el presente, y que estuviera más esclavizada que los hebreos, más oprimida que los persas y más desunida que los atenienses: sin jefe, sin orden; golpeada, despojada, desgarrada, saqueada, y hubiera soportado todo tipo de ruina.

Y, aunque hasta aquí se haya notado en alguien algunas acciones que podrían considerarse inspiradas por Dios para la redención [de Italia], se vio luego que aquel que las emprendió, en su apogeo, fue derrotado por la fortuna. De modo que, sin vida, [Italia] espera a aquel que pueda sanar sus heridas, poner fin a los saqueos de Lombardía, a los tributos del Reino de Nápoles y de Toscana, y curarla de esas llagas desde hace mucho gangrenadas. La vemos rogando a Dios para que le envíe alguien que la redima de esas crueldades e insolencias bárbaras. La vemos, además, completamente lista y dispuesta a seguir una bandera, siempre que haya quien la empuñe. Sin embargo, no vemos, en el presente, en qué más podría apoyarse excepto en vuestra ilustre casa, la cual, con su fortuna y virtud, favorecida por Dios y por la Iglesia, de la que ahora sois príncipe, podría convertirse en líder de esa redención. Lo cual no es muy difícil, si consideráis las acciones y la vida de los antes mencionados. Y, aunque esos hombres sean raros y maravillosos, no obstante fueron hombres, y todos tuvieron menos oportunidad que la presente: porque sus empresas no fueron más justas que esta, ni más fáciles, ni Dios fue más amigo de ellos que de vosotros. Aquí hay gran justicia: "Justum enim est bellum quibus necessarium, et pia arma ubi nulla nisi in armis spes est". Aquí hay gran disposición; y donde hay gran disposición, no pueden ser grandes las dificultades, cuando se toman las acciones de aquellos que he propuesto como modelo. Además, aquí se ven eventos extraordinarios, sin precedentes, dirigidos por

Dios: aquí se abrió el mar; aquí una nube os reveló el camino; aquí la piedra vertió agua; aquí llovió el maná; todas las cosas conspiran a vuestra grandeza. El resto depende de vosotros; Dios no quiere hacer todo, para no privarnos del libre albedrío y de parte de la gloria que nos corresponde.

Y no nos sorprende que ninguno de los italianos mencionados haya hecho lo que se espera de vuestra ilustre casa; tampoco nos sorprende que, en tantas revoluciones de Italia y en tantas maniobras de guerra, siempre parezca que la virtud militar está extinta. Esto se debe a que las antiguas formaciones no eran buenas y no hubo quien supiera encontrar otras; y nada otorga tanto honor a un nuevo hombre como las nuevas leyes y las nuevas disposiciones por él establecidas. Estas cosas, cuando están bien fundadas y tienen grandeza, le otorgan reverencia y admiración; y en Italia no faltan circunstancias para introducir una nueva forma [de gobierno] en ella. Aquí, la virtud es grande en los miembros, cuando no falta en las cabezas.

Considerad, en los duelos y en los pequeños enfrentamientos, cuán superiores son los italianos en fuerza, destreza e ingenio. Pero, cuando forman parte de los ejércitos, no se desempeñan bien. Y todo ocurre por culpa de la debilidad de los líderes; porque aquellos que saben no son obedecidos, y todos creen saber, sin que hasta hoy haya habido quien se destacara tanto, ya sea por virtud o por fortuna, como para ser reconocido por los demás. De ello se deriva que, en tanto tiempo, en tantas guerras libradas en estos veinte años pasados, cuando hubo un ejército completamente italiano, este siempre dio mal ejemplo. Lo presenciaron primero en Taro, luego en Alejandría, Capua, Génova, Vailá, Bolonia, Mestre.

Por lo tanto, si vuestra ilustre casa quiere seguir a esos hombres excelentes que liberaron sus provincias, es necesario, antes que cualquier otra cosa, como verdadero fundamento de cualquier empresa, proveerse de armas propias; porque no puede haber soldados más fieles, ni más leales, ni mejores. Y, a pesar del valor de cada uno, juntos se volverán mejores cuando se vean comandados por su príncipe y honrados y bien tratados por él. Es necesario, por lo tanto, preparar esas armas, para poder defenderse con la virtud italiana de los extranjeros. Y aunque las infanterías suiza y española sean reputadas como terribles, en ambas hay defecto, y una tercera formación podría no solo enfrentarlas, sino superarlas con seguridad. Porque los españoles no pueden enfrentar a la caballería, y los suizos temerán a una infantería tan encarnizada como la suya.

La experiencia ha mostrado, y seguirá mostrando, que los españoles no pueden enfrentar a una caballería francesa, y los suizos ser arruinados por una infantería española. Y, aunque no se haya visto un ejemplo de este último caso, se vio, sin embargo, una prueba en la Batalla de Ravena, cuando las infanterías españolas enfrentaron a los batallones alemanes, que tienen la misma formación táctica que los suizos: los españoles, con la agilidad del cuerpo y la ayuda de los escudos, se habían puesto debajo de las lanzas enemigas y estaban seguros de vencerlas, sin que ellas tuvieran remedio. Y si su caballería no hubiera atacado a los españoles, todos los alemanes habrían perecido. Por lo tanto, conociendo el defecto de una y otra de esas infanterías, se puede organizar una nueva que resista a la caballería y no tema a los infantes: lo que ocurrirá por la calidad de las armas y por el cambio de la disposición táctica. Y estas son aquellas cosas que, reformuladas, otorgan reputación y grandeza a un príncipe nuevo.

No se debe, por lo tanto, dejar pasar esta ocasión para que Italia, después de tanto tiempo, encuentre su redentor. Y no puedo decir con cuánto amor sería recibido en todas aquellas provincias amargadas por las incursiones extranjeras; con qué sed de venganza, con qué obstinada fe, con qué piedad, ¡con qué lágrimas! ¿Qué puertas se le cerrarían? ¿Qué pueblos le negarían obediencia? ¿Qué envidia se le opondría? ¿Qué italiano le negaría un favor? A todos repugna este dominio bárbaro. Tome, por lo tanto, vuestra ilustre casa, esta materia con el mismo ánimo y la misma esperanza con que se toman las empresas justas; para que, bajo su insignia, esta patria se ennoblezca; y, bajo sus auspicios, se verifique aquel dicho de Petrarca:

Virtù contro a furore

Prenderà l'arme, e fia el combatter corto;

Ché l'antico valore

Nell'italici cor non è ancor morto.

[Armada contra el furor,

Dirá la virtud, en rápido combate,

Que nuestro antiguo valor,

En el pecho italiano, no se ha extinguido.]

EPÍLOGO

Entre las líneas de "El Príncipe"

Al concluir esta edición de la obra magistral de Nicolás Maquiavelo, "El Príncipe", es con gran entusiasmo que comparto algunas reflexiones sobre el proceso de traducción y los elementos que impregnan esta obra atemporal.

Traducir "El Príncipe" fue un viaje intelectual y emocional que me desafió a sumergirme en las complejidades del pensamiento maquiavélico. La tarea no consistió solo en descifrar palabras y frases, sino también en captar la esencia de las ideas de Maquiavelo y transmitirlas en un contexto lingüístico contemporáneo. Después de todo, es en los entresijos de esta obra donde encontramos consejos atemporales sobre política, poder y la naturaleza humana.

A lo largo de este proceso, me enfrenté a la dualidad que caracteriza a Maquiavelo: un pensador muchas veces mal comprendido, cuyas observaciones realistas sobre el ejercicio del poder trascienden siglos. El lenguaje rico y cautivador del autor desafía al lector a contemplar no solo las circunstancias políticas de su época, sino también a reconocer la relevancia de sus ideas para los desafíos contemporáneos.

En este epílogo, me gustaría destacar las elecciones específicas de traducción que realicé, buscando equilibrar la fidelidad al original con la accesibilidad moderna. Términos intraducibles o con múltiples significados fueron fuentes constantes de reflexión, y la búsqueda de una equivalencia que transmitiera la esencia maquiavélica fue un desafío constante.

Además, la inclusión de un índice remisivo busca proporcionar una herramienta útil para aquellos que deseen explorar temas específicos dentro de la obra. Maquiavelo era, después de todo, un maestro en el arte de la sutileza, y su profundidad de pensamiento merece ser explorada minuciosamente.

No puedo dejar de expresar mi gratitud a los estudiosos, colegas y amigos que contribuyeron con valiosos conocimientos durante este proceso. Esta traducción no habría sido posible sin el intercambio de ideas y la colaboración que enriqueció mi comprensión de la obra.

Al cerrar estas páginas, es mi esperanza que esta edición de "El Príncipe" resuene no solo como una traducción, sino como un puente que conecta a Maquiavelo con nuestro tiempo. Que los lectores se sientan desafiados, provocados e inspirados por este texto, así como yo me sentí al embarcarme en este viaje de traducción.

Que la sabiduría contenida en "El Príncipe" permanezca viva y relevante para aquellos que buscan comprender las complejidades del poder, no solo como un documento histórico, sino como una obra cuyas lecciones resuenan a través de los siglos.

www.ingramcontent.com/pod-product-compliance
Lightning Source LLC
Chambersburg PA
CBHW070812260726
48660CB00005B/1824